# 我的師友梁啟超

吳其昌、毛以亨 原著
蔡登山 主編

梁啓超（1873~1929）

梁啓超1900年攝於澳大利亞。

梁啓超與兄弟們感情也很真摯。這是他47歲時攝於巴黎，寄與二弟梁啓勳的照片，左上角有梁啓超的親筆題字。

# 獨特視角看梁啟超

蔡登山

梁啟超的名字在中國近現代史上，可說是如雷貫耳，無人不知，無人不曉。而有關他的傳記，截至目前為止，已超過八十餘種。但筆者所選的這兩種，有個特色，是作者本身和傳主梁啟超都有過密切的接觸，其中之一的吳其昌是梁啟超的學生，而另外一位作者毛以亨可算得是梁啟超的知己和朋友，他在一九一八年和梁啟超同船赴歐，在船上朝夕相處五十天。這兩位作者在為梁啟超作傳有別人沒有的獨特視角，就是他們都有過近身的觀察，對於梁啟超的言行笑貌有一定程度的瞭解，因此他們不同於其他傳記作家或學者寫的傳記，我將這兩本書合在一起，稱為《我的師友梁啟超》。吳其昌的《梁啟超》於一九四四年出版（重慶勝利出版社）被認為是第一本寫梁啟超的傳記，（雖然一九三四年王森然寫過〈梁啟超評傳〉，但那畢竟只是單篇論文），具有其開創的貢獻。而在吳其昌之後，就是毛以亨所寫的《梁啟超》，它是一九五七年在香港亞洲出版社出版的。這兩本書可說是在梁啟超的傳記史上，有其開創之功，也因此筆者將其合在一起重新出版，有其特殊的意義。

吳其昌（一九〇四—一九四四）是浙江海寧縣硤石鎮人，是徐志摩的表弟，早年畢業於無錫國學專修館。一九二五年考入清華大學國學研究院，師從梁啟超和王國維，從梁啟超治文化學術史和宋史，從王國維治甲骨文金文和古史，深受兩位導師賞識。時人以為：「吳其昌研究學術，繼承了王國維的衣缽；發為文章，則一秉梁啟超的文心。」洵為知言。而自一九二五年十一月開始，吳其昌記錄和整理梁啟超的清華講稿，此後梁氏多篇演講稿均經其手而成文。一九二七下半年始，吳其昌甚至住居於天津梁家，協助其處理文案。次年，得梁啟超舉薦，吳其昌受聘南開大學，開始走上高等學府的講壇。一九二九年一月，梁啟超病逝。九月靈柩安葬時，吳其昌代表清華大學研究院全體同學在墓前致辭，充滿深情的〈祭梁任公先生文〉亦出自其手。他滿含對導師遽爾去世的悲痛，深情憶述了往日師弟間其樂融融的問學情景：

> 憶我初來，稚態未薙。如拾土芥，視天下事。潑瀋疾書，一文萬字。古傑自儕，時賢如沫。讀未盈卷，丟卷思嬉。清華芳樹，故解人媚。況有晚風，往往動袂。華燈初上，新月流睇。呼其朋儔，三四為隊。師家北苑，門植繁李。率爾叩門，必蒙召趨。垂誨殷拳，近何所為？有何心得，復有何疑？數治考證，得證凡幾？群囂雜對，如儈呼市。畫地指天，語無倫次。師未嘗慍，一一溫慰。亦頗有時，伸手拈髭。師居慈母，親我驕兒。雖未成材，顧而樂之。此一時也，而如隔世。

此外，吳其昌還撰寫〈梁任公先生別錄拾遺〉、〈梁任公先生晚年言行記〉等文章（已收錄本書中），留下了相當珍貴的史料。

一九四三年，重慶勝利出版社為發揚文化傳統、凝聚民族精神，組織編纂「中國歷代名賢故事集」時，特邀吳其昌承擔《梁啟超》一書的撰著。因為吳其昌是梁啟超的高足，再加上他治學嚴謹，可說是不二的人選；而吳其昌既感師恩，又以民族文化建設為己任，慨然應允。他不顧自身病勢沉重，他在一九四四年一月二十日給主編者潘公展、印維廉的信中寫道：「……其昌受命奮興，時病正烈，學校正課，至請長假，而猶日日扶病，搜集史料，規畫結構，創造體例，起打草稿，雖在發燒、吐血之日，亦幾未間斷，其事至苦，因之效能遲緩，屢誤交稿之期，甚用愧對諸公耳。近兩月來，幾於日夜趕撰此稿，朋友勸阻而不果。今幸不辱尊命，已將上冊三章五萬字完成，奉呈教正。其昌正因負責、確實、認真三義堅守不逾之故，乃至誤期；更因疾病纏綿，時撰時輟，甚望二公深切體諒。本書為其昌嘔血鏤心之著述。雖片言隻字，未敢稍苟，亦以聊報二公辱命之雅，並翼少酬先師任公知遇之厚也。」而在一九四四年一月三十日，吳其昌在給侯堮的信中又說：「潘公展、印維廉二先生囑撰《梁啟超傳》，十二月中旬開始動筆，一口氣寫五萬字足，直至一月十九日，始告一段落，身體太弱，寫四五天必須睡息一天，辛苦！辛苦！」而這書稿完成之後的一個月，一九四四年二月二十三日，吳其昌因肺癆咯血病逝，《梁啟超》是他的絕筆之作。該書雖只五萬多字，卻飽含深情地記述了梁啟超的一生及其政治、學術思想，書的風格、體例和梁啟超的《李鴻章傳》類似，吳其昌也成為唯一一位為梁啟超立傳的弟子。北大教授夏曉虹說：「（吳其昌）將生命的最後時日奉獻給自己的導師，得學生如此，梁啟超應該很滿足了。」而吳其昌實踐了梁任公「國難當頭，戰士死於沙場，學者死於講壇」之誓言。他的《梁啟超》亦因之以「半部梁傳」之名，譽滿天下。

吳其昌的《梁啟超》還有一特色，是很多歷史細節，他還可聽到傳主的親自講述，例如戊戌死難中的譚嗣同他精忠壯烈的行為，尤為可泣鬼神，可風百世。吳其昌除了在傳中引述梁啟超所寫的〈譚嗣同傳〉之外，他還記述：「這壯烈史跡，民國十六年夏，梁先生親和其昌再講一遍，從黃昏直講到天亮。已經隔著三十五年了，梁先生還是老淚縱橫，其昌也不覺熱淚奪眶。」而同樣梁啟超的〈劉光第傳〉記劉光第父子殉國說：「君（劉）既就義，其嗣子赴市曹伏屍痛哭一日夜以死。」吳其昌說：「三十五年後梁先生親為其昌追述當時的情形說：『裴村（案：劉光第）臨刑，其嗣子不過十四歲或十六歲，倉促確知，別無法救；趕赴刑場向監斬官剛毅叩頭流血，請代父死，不允。既斬，抱其父頭而哭，立時嘔血，半夜而死。……』聞之酸鼻。」這些細節場景的描述，非得之當時親歷親聞者的口中，是無法詳述的，所以該書某些部分還可稱為口述歷史，較之後來的人所寫的傳記更為珍貴。

毛以亨的《梁啟超》寫作緣起，也是由於他有機緣得見梁啟超之故。他是在北京大學畢業後於一九一八年十二月，由上海乘日輪「丸善丸」赴法國留學。其時梁啟超偕蔣方震（百里）、張君勱、丁文江、徐新六、劉崇傑等人赴歐考察，適與毛以亨同船。同船之五十日，朝夕相處。毛以亨說：「一九一九年在巴黎，雖時有過從，但交換意見之機會不多。他是已經成名的人，我則方開始讀書，彼此之地位不同。我方銳意於進取，他則正欲退而著書，彼此之心情互異。」他接著說：「回國以後，我擔任各大學『中外關係史』講席，幾二十年，始認任公為對現代中國影響最大之人。乃取歷史背景，任公主張，及當年回憶相結合，而開始瞭解任公。覺得其人為書生本色，而大智若愚，能以天下為己任，誠不愧為大政治家。說他是書癡、是學者、是政客、是政論家，都是袁世凱嘍囉們曲學阿世之一脈相承的糟塌他的話。他的做學問、寫政論，都是做政治家的預備工夫。」也因此他非常用心地去寫這本《梁啟超》，他在該書〈自序〉最後說道：「任公的言行，皆足以鼓勵青年，可惜我這枝禿筆，未能狀其豪情於萬一。不特有負任公之友誼，抑亦重違青年之期望。但如青年們的觀點和我一致，同視任公為政治家與革命家，則已得其所以自勵之道了。我以闡明事實為限，無取乎文字渲染之末，以有玷任公。本傳的材料，於已發表者則應有盡有，而於未發表者，為前輩之口說，亦相當的多。鑑定而排比之，經六閱月，尚未能成一字。蓋撰此傳，全以敬恭寅畏之情出之，較王湘綺齋戒沐浴作《湘軍志》以述曾國藩之心情，實無二致。」

以研究梁啟超著名的北京大學教授夏曉虹說：「在一九四九年以前，只有梁啟超在清華國學院指導的學生吳其昌寫過半部《梁啟超》，一九四四年出版。因吳同年病逝，此書並未完成，梁的生平也只寫到戊戌變法失敗，出亡日本，梁之事業其實剛剛開始。所以，從完整性的角度看，毛以亨的《梁啟超》應該算是最早的一部梁啟超傳記。此書出版後，伍憲子（名莊，梁之萬木草堂同學，後任中國民主憲政黨主席）曾發表書評，認為『其持論很公平』，『能將梁啟超真相畫出，是一部有價值之書』，甚至稱讚毛氏的評論『說得極有分寸，亦極中肯』，因謂『毛氏可算任公知己』。不過，此書的價值長久不為人知，直到一九七五年，才又在臺灣出了一版。」然而由於毛以亨長年在香港教書，書又是在香港出版，當時香港出版品不能進到臺灣，因此閱讀到此書的人甚少。雖然一九七五年臺灣曾有翻印過，但當時毛以亨已經過世了，該書也無法好好宣傳，所以流傳亦不廣。

毛以亨曾歷任北大、平大、暨南等校教授，精研史學，卓然有所見。他的《梁啟超》，原本是當作青年讀物的，因此不容有專論學術的篇幅，也不能寫得太繁瑣而枯燥乏味，而梁啟超又是「今日之我，與昨日之我宣戰」的人，因此作者以少年讀書時期（一八七三—一八九四）、維新運動時期（一八九四—一八九八）、流亡辦報時期（一八九八—一九一二）、民初從政時期（一九一二—一九一九）和文化運動的晚年，來分別論列不同時期的梁任公，可說相當允當。而作者文筆生動，引用資料極為翔實，在評論上更有其見地。例如他談到：「康梁之不同，有出於先天者，有源於性格者，有基於學術之立場者，有因於做事之手法者。如認識南海與任公者，則知其不特外表上相反，即其內心上亦極為差異。以外表言，南海和易易與，而任公則壁立千仞。南海如瀟灑出塵的神仙，任公若龍蛇飛舞的壯士。以內心言，南海為仁者，故常優柔；任公為智士，故多果斷。南海為教育家，故精華外露；任公則為實行家，故勁氣內斂。只以救國維新主張相同，而其時彼此不盡相知，故戊戌時代曾合作過一次。然以精神上之根本差異，故無法再度為真誠之合作。至師生之名分，所用以維繫其關係者，抑亦末矣！」這是作者獨到的見解，對此他更進一步地說明：「我們分析康梁之異同，並無抑南海而揚任公之意。無論在政治上與學術上，皆各有短長，而並無軒輊。特以改良主義，南海實其創造的開山老祖，而任公則為廣大山門之人。觀於任公之愛護南海，唯力是視，不以其主張之不同，與政治無成就，抹殺南海。則我們之不應抹殺康梁，以自鳴高，為顯然了。」可說是極為中肯客觀之論斷。

# 兩位作者吳其昌和毛以亨的簡介

蔡登山

吳其昌（一九〇四—一九四四）字子馨，號正厂，浙江嘉興海寧縣硤石鎮人。著名歷史學家。其弟吳世昌是著名紅學家。吳其昌十二歲喪母，十六歲喪父，生活艱困，刻苦好學，家愈貧而學愈力。一九二一年，十七歲的吳其昌進入無錫國學專修館，師從唐文治，研治經學及宋明理學，由此開始其學術生涯。以才思敏捷，與王蘧常、唐蘭合稱「國專三傑」。每值休假，必懷炊餅進入各公私圖書館，終日不出，三年如一日。在無錫國專時，慨國事日非，曾上書政府，洋洋數千言。唐文治大為激賞，改杜甫詩讚之曰：「吳生拔劍斫地歌莫哀，我能拔爾鬱塞磊落之奇才。」一九二三年十月，在《學衡》雜誌二十二期發表第一篇學術論文《朱子傳經史略》，約二萬字，時年才十九歲。同年在廣西容縣中學任教，並扶助弟妹求學。後轉至天津周家做西席。

一九二五年，清華學校研究院首次招生，此次招生共錄取學生三十三名，吳其昌以第二名考入為第一屆研究生，第一名是劉盼遂。從王國維治甲骨文、金文及古史，從梁啟超治文化學術史及宋史。鑽研不輟，時有著作發表，深得王、梁兩先生器重。在一九二六年秋季開始的新學年中，梁啟超講授了「歷史研究法」與「儒家哲學」兩門課，另外又在燕京大學以「古書真偽及其年代」為題做專門講演，吳其昌參與了後一講稿的記錄工作。王國維則在清華研究院教授《儀禮》與《說文》練習，吳於前課也撰有講授記。

後來梁啟超邀吳其昌去天津協助辦理文案，自此時起，吳其昌一直追隨梁啟超左右，直至梁啟超易簀。同時在一九二八年，因梁啟超的舉薦，吳其昌受聘南開大學，在預科教授文史，由此走上高等學府的講壇。一九二九年一月，梁啟超病逝。吳其昌代表清華大學研究院全體同學在墓前致辭。出自其手的祭文滿含對導師遽爾去世的悲痛，深情憶述了往日師弟間其樂融融的問學情景。一九三〇年吳其昌即離開南開，轉任清華大學歷史系講師，講授中國文化史等課。一九三一年「九・一八」事變後，吳其昌全家為逼蔣抗日，絕食請願。終至被清華大學解聘。

一九三二年起，吳其昌轉任武漢大學歷史系教授，後兼任系主任。其在武大所開課程有「古代文字學」、「商周史」、「中國通史」、「中國文化史」以及「宋元明清學術史」，同樣能夠見出王國維、梁啟超兩位導師的學術流脈。一九三六年八月考入武大史學系的馬同勳回憶吳其昌授課的情景說：「先生每次講課都是一篇完整的學術專題講演，主題鮮明，邏輯嚴謹，語言考究，又不失風趣。古代文字學、宋明理學、佛教與禪宗均為義理難解的課程，經過先生通俗易懂、深入淺出的講解，旁徵博引、風趣幽默的闡述，不知不覺間把我們引回歷史長河，大有親臨其境之感，至今記憶猶新。聽先生授業真是比沐浴春風而有過之。」

抗戰軍興，吳其昌隨校遷至四川樂山，旋兼歷史系主任，繁忙的工作，清貧的生活，當地氣候又潮濕，吳其昌的身體完全垮了，從一九三九年起，即斷續咯血。但仍白天扶杖上課，深夜支頭撰文。一九四四年因肺癆咯血病逝。臨終前一月，應約著手寫《梁啟超傳》，僅完成上卷而卒，年僅四十歲。

吳其昌一生愛國。一九二六年參加三一八反帝大遊行，扛著大旗走在隊伍前面。慘案發生時，槍彈從他耳旁飛過，當即撲倒在地，方免於難。九一八事變後，與夫人諸湘、弟吳世昌乘車南下，謁中山陵痛哭，通電絕食，要求抗日，朝野震動，傳為愛國壯舉。抗戰開始，其昌患肺病、咯血，仍以國難當頭為念，堅持講課、寫作。

讀書治學，吳其昌的風骨同樣為人欽敬。他在〈治學的態度和救國的態度〉一文中表示：治學要有貢獻生命的誠懇。他說：「我以為『誠懇』，是一切學問的根本態度。無論哪一種學問，我都情願用我的生命去換這種學問，我就把我整個『身』和『心』貢獻給一種學問，我就拼命做這一種學問，我就真用我的生命去換這一種學問。」吳其昌在國學上的成就為學界共認，兩百萬字的著述造詣極深，幾近金字塔之巔。

一九三六年，日本漢學家橋川時雄在所編《中國文化界人物總鑑》中曾為他立傳。生平著述頗豐，治學範圍廣博，除前所述外，於訓詁、音韻、校勘、農田制度等亦有研究。主要著作有《朱子著述考》、《殷墟書契解詁》、《宋元明清學術史》、《金文世族譜》、《三統曆簡譜》、《北宋以前中國田制史》以及時論、雜文集《子馨文存》等。

※　※　※

毛以亨（一八九四—一九七〇），字公惺，浙江江山人，一八九五年（清光緒二十一年）生。早年，加入光復會。一九一〇年春，考入杭州府中學。同學有徐志摩、郁達夫、毛準（子水）、姜立夫等人。一九一一年秋，參加辛亥革命。民初考入國立北京大學，在校時任北大閱書報社幹事。畢業後於一九一八年十二月，由上海乘日輪「丸善丸」赴法國留學，治中國外交史。其時梁啟超偕蔣方震（百里）、張君勱、丁文江、徐新六、劉崇傑等人赴歐考察，適與毛以亨同船，其後受知於梁啟超，受到張君勱培植，肇因於此。

一九二三年二月，獲法國巴黎大學政治學博士學位；七月，離歐返國；同年秋，任公立浙江法政專門學校政治系教授，又刊行《浙民日報》。一九二四年，以黃郛秘書長之介任西北邊防督辦公署秘書，待命南苑。一九二五年一月，馮玉祥在張家口專任西北邊防督辦，於得馮電後，被派往張家口任公署秘書兼代理特派交涉員，奉派接收蘇援軍械，迨墾務委員會成立，任墾務委員；十一月，任駐蘇聯特羅邑（後改設於上烏丁斯克）領事；同年以李煜瀛、徐謙之介，由丁惟汾主持，在北京加入中國國民黨。

一九二六年二月，經滿州里抵布里雅特蒙古共和國首都上烏丁斯克履新；三月，偕主事兼俄文翻譯勾增澍晤馮玉祥於庫倫，並奉馮氏之命往見蘇聯大使康克格利，告以外蒙總理丹巴已向馮氏提出中國對外蒙承認之要求，此乃與中蘇條約有關之問題，是時外蒙以獨立國為標榜；五月，隨馮玉祥、徐謙、李鳴鐘等至莫斯科，馮乞軍援於蘇聯，企圖以武力統一中國。抵莫斯科後，嘗隨馮氏參觀孫逸仙大學，學生中有陳紹禹（王明）、邵力子、蔣經國、張秀鳳等人。居留三月，對蘇聯軍援原則上已達成協議，由蘇聯供應日製三八式步槍、法國式機關槍等武器，至於細則尚未決定；八月，偕勾增澍返回上烏丁斯克任所；九月，因駐蘇聯大使館鄭延禧代辦向北京外交部報告他隨西北軍馮玉祥至蘇京活動，擅離職守，外交部據之免去領事職務。

一九二七年一月回國，抵達上海，旋與李鳴鐘、韓安乘日輪「鳳陽丸」往漢口，奉共黨中央總書記陳獨秀命向「中國國民黨中央執行委員會暨國民政府委員會聯席會議」（簡稱「聯席會議」）報告西北軍與庫倫近況，其後往南昌晉謁蔣總司令，告以馮氏非特不附共，且致力反共。四月，上海「清黨」之役起，奉蔣總司令命，攜其親筆函、密電本及蔡元培、吳敬恆、李煜瀛諸人之親筆函，經天津、運城，謁馮玉祥於潼關，報告三小時，清共之議遂決；六月，馮玉祥與汪兆銘、徐謙、唐生智、張發奎等舉行鄭州會議，會議結束，奉馮氏之命赴徐州，晤李宗仁、白崇禧，決定蔣、馮在徐州會晤。後來蔣、馮聯名通電繼續北伐，南京國民政府每月協濟西北軍軍餉二百萬，並實行清黨與遣送鮑羅廷回國；馮玉祥任毛以亨、李鳴鐘、韓安三人為西北軍駐南京代表，代表馮玉祥列席政治會議。一度被提名為內政部次長並代部務。

同年脫離政治，任國立暨南大學教授。後歷任國立北京大學、私立上海法科大學等校教授，私立大夏大學文科史地系主任，國立北平大學法學院預科主任兼教授，主各大學「中外關係史」講席凡二十年。

一九四一年十二月，太平洋戰事起，日軍攻佔香港，其時他和湯薌銘適旅居香港。一九四五年八月，加入中國民主社會黨。一九四七年三月，代表張君勱前往新德里參加泛亞洲會議；七月，當選為民社黨候補中央執行委員。一九四八年六月，任行憲後第一屆監察院監察委員（院長于右任）。一九四九年冬，遷居香港，一度赴臺灣出席監察院會議，任臺灣大學教授。一九六八年二月十五日，病逝於香港九龍。終年七十四歲。著有《梁啟超》、《倫理問題》、《學制與學科的改革》、《現代民主政治》、《民主各國的政黨》、《俄蒙回憶錄》等。譯有《歐洲現代政治史》等。

# 近代中國學術史上之梁任公先生

張蔭麟

本年一月十九日，新會梁任公先生病歿於北平，本報既已為文悼之矣（一月二十一日本報社評），茲再從其學術方面，作一綜括之評論。

任公先生一生之智力活動，蓋可分為四時期，每時期各有特殊之貢獻與影響。

第一期自其擲棄詞章考據，就學萬木草堂，以至戊戌政變以前止，是為「通經致用」之時期；

第二期自戊戌政變以後至辛亥革命成功時止，是為介紹西方思想，並以新觀點批評中國學術之時期，而仍以「致用」為鵠的；

第三期自辛亥革命成功後至先生歐遊以前止，是為純粹政論家之時期；

第四期自先生歐遊歸後以至病歿，是為專力治史之時期，此時期漸有為學問而學問之傾向，然終不能忘情國艱民瘼，殆即以此損其天年，哀哉！

先生第一期之智力活動，全受康南海之影響，此時期之梁先生，實為康南海附庸。吾確信即起梁先生於九原，當不以此為降抑之詞也。而此後三時期之活動，實於此時期奠其基。故欲論近代學術史上之梁先生，不能不一論康南海。康南海者，我國「經學」史上數座巨峰之一也。「經學」在中國歷史中之地位，與哲學之在歐洲歷史中之地位相當。其在西方史中，每當社會有劇變之世，哲學必先之或緣之而變；其在中國史中，每當社會有劇變之世，經學必先之或緣之而變。

經學之成立在西漢初，自此以後，凡經五變：

西漢末古文學興，是為一變，此時期之代表人物為劉歆；

魏晉之世，學者援老莊說經，是為二變，此時期之代表人物可推王弼；

宋儒以「性理」說經，是為三變，此時期之代表人物為朱熹；

清代漢學家專從訓詁校勘方面治經，是為四變，此時期之代表人物為王念孫；道咸以降，西漢「今文學」復興，「非常異義可怪之論」熾，是為五變，此時期之代表人物為南海康有為（以上所陳之經學史觀，乃作者臆見，茲僅發其凡。除論康南海為本文中應有之義外，餘俟另為文詳之）。

康南海者，非開闢之人物，而集大成之人物也。當鴉片戰爭前後，我國智識界先後衍成三種趨勢：

（一）乾嘉間樸學之正統派，有二特點：其一則重文字之解釋而輕義理之闡發，其二則解經以許、鄭、賈、馬為宗，皆守劉歆古文之學者也。然境域之墾闢既盡，則思遷移；正統派之宰制既久，則起反動。嘉道間，莊存與始將久遭湮埋之今文學中何休《公羊傳注》掘出，著《春秋正辭》，專求公羊之「微言大義」及「非常異義可怪之論」。其後劉逢祿復著《春秋公羊經傳何氏釋例》揚其波，劉又著《左氏春秋考證》，謂《左氏春秋》本不解經，經劉歆改頭換面而成現今之形式。是為近代今古文之爭之第一次交綏。其後魏源著《詩古微》攻毛傳及大小序，著《書古微》攻馬、鄭之說，邵懿辰著《禮經通論》，言《古文逸禮》為劉歆所偽造，而今文學與古文學之爭，壁壘愈堅固。今文學之興，是為第一種趨勢。

（二）自鴉片戰爭而後，少數有識之士，怵國運之淩夷，慮大難之將至，知非於詞章考據之外，別求經世致用之學不可。龔自珍及魏源之著作，即表現此種趨向。後經洪、楊之亂，四海沸騰，一時削平大難之功，端賴實行之人，益見徒事呫嗶之無用。而曾、左輩盱衡當世，每歎才難，提挈誘掖，不遺餘力。講求實用，是為第二種趨勢。

（三）鴉片戰爭之結果，雖未能醒中國人之迷夢，亦已使其知汽船鋼炮之不可忽視。當洪、楊時代，英、法以舟師數千，直搗京畿。其後敉平江南，以傾國之師，收效之速，不若英將戈登一旅之眾。此等事實，已足使不甚頑固者堅信泰西之優勝，而有模仿之必要。故亂定後曾國藩輩即興建福建造船廠、江南製造局及江南譯書局，並派人出洋留學，初僅注意其器械及戰術，漸乃及其政法。薛福成及郭嵩燾，此種運動之代表人物也。效法泰西，是為第三種趨勢。

康南海者，於此三種趨勢，各集其大成，而復熔之於一爐，摶之為一體，以鮮明之旗幟，懇切之呼籲，宣傳其說，而卒以易天下者也。梁啟超者，在此旗幟下，一員最有力之大將也。

戊戌政變，在政治上為徹底失敗之運動，而在「社會思想」上實為一掃霾撥霧之颶風。其影響之顯而見者，在此時前後，國民日用語中，不知增加幾許新名詞新口號。若變法也，改制也，民權也，平等也，自由也，議會也，立憲也，廢科舉也，興學校也，重女權也，戒纏足也，不可殫列，舉國觀聽為之一新。綜論其結果，在政治則促起「維新」之自覺，在青年思想上，則促起「新學」之自覺。凡此乃舊時代與新時代轉變間之一大關鍵，而康、梁實與有轉移之力也。

試一觀當時中國風氣否塞至何程度，便知康、梁輩之功績。光緒十四年，康氏初上變法之書，舉世目為病狂，大臣格不代奏。其後引用，朝野嘩哄，攻擊環集。戊戌秋，有平江蘇輿者，集當時抨擊康黨最力之著名文件，都七卷，名《翼教叢編》，而為之序曰：

甲午以來，外患日迫。……言禁稍弛，英奇奮興。而傾險淫詖之徒，雜附其間，邪說橫溢，人心浮動，其禍實肇於南海康有為。……自黃公度為湖南鹽法道，言於大吏，聘康之弟子梁啟超主講時務學堂，張其師說，一時衣冠之倫，罔顧名義，視為教宗。其言以康有為之《新學偽經考》、《孔子改制考》為主，而平等民權，孔子紀年諸謬說輔之。偽六籍，滅聖經也；託改制，亂成憲也；倡平等，墮綱常也；伸民權，無君上也；孔子紀年，不知有本朝也。……許尚書、文侍御既以參劾獲罪，……張香濤尚書《勸學篇》、王幹臣吏部《實學報》，辭而辟之，未加顯斥。吾湘如王葵園祭酒師、葉煥彬吏部數先生，洞燭其奸，摘發備至。……而（其後）康、梁以逆謀事覺，亂黨逮治。區夏好士，欽仰皇威，彌然自樂其生。

若是乎，則當時之康、梁，不幾夫今日之「赤化者」哉！

自維新派與革命黨為政敵，革命成而維新派被目為罪魁，而不知二者表相反而裡實相成也。

「國民革命」（此詞始見於《同盟會宣言》，今黨軍名國民革命軍，殆即本此）運動，實行先於言論。黨人最著名之機關報，曰《蘇報》，曰《民報》。然《蘇報》始於癸卯，旋被封禁，上距《時務報》（梁任公在上海初辦之報）之創辦已七年矣；《民報》始於乙巳，上距《清議報》（梁任公在日本初辦之報）創辦已六年矣，視《新民叢報》之發刊亦後四年矣。《蘇報》、《民報》以前，黨人蓋未嘗明目張膽以言論學說昭示國人，國人之於革命黨，不過視為洪、楊之繼起者而已。自乙未至乙巳十年間，肩我國思想解放之任者，實唯康、梁。雖其解放之程度不如黨人，然革命學說之所以能不旋踵而風靡全國者，實因維新派先解去第一重束縛，故解第二重束縛自易易也。

且梁任公自逃亡日本後，在《清議報》及《新民叢報》中，掊詆滿洲執政者不留絲毫餘地。清室之失去國人信用，梁任公之筆墨實與有力焉。清室既失去國人信用而朝廷上又無改革希望，故革命勢力日增也，此又梁任公無意中間接幫助革命之一端也。吾故曰維新黨與革命黨表相反而裡實相成也。自乙巳同盟會成立於東京，而維新黨遂成過去之陳跡。波瀾起伏，前後相推；四時之運，成功者退。個人之得失，何預於其歷史上價值哉？嗟乎！此固未易為今之以標語為金科、口號為玉律者言也。

自任公亡命日本後，誦習日文，因間接得窺西洋名折口之學說，而識力日擴。此時之梁先生，已非康南海所能範圍。自述曰：

> 啟超自三十以後，已絕口不談「偽經」，亦不甚談改制。而其師大倡設孔教會、定國教、祀

天配孔諸議，國中附和不乏。啟超不謂然，屢起而駁之。……（以為）中國思想之痼疾確在「好依傍」及「名實混淆」。若援佛入儒也，若好造偽書也，皆原本於此等精神。以清儒論，顏元幾於墨矣，而必自謂出孔子；戴震暗合西洋思想，而必自謂出孔子；康有為之大同，空前創獲，而必自謂出孔子；乃至孔子之改制何必託古，諸子何為皆託古，則亦依傍混淆也已。此病根不拔則思想終無獨立自由之望，數超於此三致意焉。然持論既屢與其師不合，康、梁學派遂分。

自戊戌至辛亥間，先生之所貢獻於國人者，除應時之政論及激發國民愛國心之宣傳外，尚有三焉：

一則介紹西方學問。國人之得聞亞理士多德、培根、笛卡兒、史賓諾沙、康得、盧梭、霍布斯、邊沁諸家之學說，實自先生之著作始也。雖間接稗販，每多隔膜與紕謬，然微先生之力，當時孰知除帖括詞章考據以外，除堅船利炮鐵路銀行之外，除法律憲典之外，形而上者，尚有宗廟之美、百官之富耶？其於形上之學激發好奇之心，引起探討之興趣，實為此後新文化運動之伏線矣。

二則以新觀點批評中國學術。換言之，即我國學術之第一次重新估價，其論周秦諸子，其論管子、墨翟，其論商鞅，其論王安石、論孔教、論佛教，皆一掃傳統觀念，而為今日吾人大多數對於此諸家之觀念之所基。此時先生批評中國學術之結晶，尤在〈論中國學術思想變遷之大勢〉一長文。此實第一部有系統之中國學術史，一氣呵成，前無憑藉，非有絕偉之識力，其曷能與於斯？胡適自言其立志治中國思想史，實受先生此文之影響，則民國六七年後「新漢學」之興起，先生蓋導其源矣。

三則以新觀點考察中國歷史，而提出史學革命方案。始倡於官報及帝譜而外，別創以民族及文代為對象，藉國民之照鑑之歷史。其於《新民叢報》中，《新史學》、《中國史敘論》，已發其凡；於〈中國歷史上革命之研究〉、〈歷史上中國民族之觀察〉、〈世界史上廣東之位置〉，及〈趙武靈王傳〉、〈張博望班定遠合傳〉、〈王荊公傳〉、〈鄭和傳〉、〈中國殖民八大偉人傳〉等篇中，復示其例。後有作近代中國史學史者，不能不以先生之名冠其篇矣。

從學術史上觀之，自辛亥至戊午七年間，實為先生一生最不幸之時期。蓋自辛亥革命成功後，先生在政治上，實與康南海同為落伍之人物。歷史上之趨勢如此，非人力所能轉移。為先生計，使自此時以後絕跡仕途、埋頭著述，則其所貢獻於中國學術者當如何！乃不出此，挾其歷史上寶貴之地位旅進旅退於軍閥官僚、奸雄宵小之間，卒無補於國，而學亦荒，豈不惜哉！此時期先生在政治上之主張，可以一言蔽之：先從民智民德方面著力，而以溫和漸進之方法，改善其政治上及經濟上之地位。惟其側重民智民德，故於政治及經濟上無具體而堅執之計畫；惟其採溫和漸進之手段，故易於優容軍閥。民國以後先生在政治上得失之林，可得而論也。

及歐戰甫終，西方智識階級經此空前之大破壞後，正心驚目眩，徬徨不知所措；物極必反，乃移其視線於彼等素所鄙夷而實未嘗瞭解之東方，以為其中或有無限寶藏焉。先生適以此時遊歐，受其說之薰陶，遂確信中國古紙堆中，有可醫西方而自醫之藥。既歸，力以昌明中國文化為己任。而自揆所長，尤專力於史。蓋欲以餘生成一部宏博之《中國文化史》，規模且遠大於韋爾思之《世界史綱》，而於此中寄其希望與理想焉。天不假年，抱志以歿，實中國史學史上之一大損失已。然其已見之主要成績可得言焉：

（一）《中國歷史研究法》一書，雖未達西洋史學方法，然實為中國此學之奠基石，其舉例之精巧親切而富於啟發性，西方史法書中實罕其匹。

（二）關於學術史者，《先秦政治史》及《墨子學案》、《老子哲學》等書，推崇比附闡護及宣傳之意味多，吾人未能以忠實正確許之。惟其關於中國佛學史及近三百年中國學術史之探討，不獨開闢新領土，抑且饒於新收穫，此實為其不朽之盛業。

（三）先生《中國文化史》之正文，僅成〈社會組織〉一篇，整裁猶未完善，然其體例及採裁，（全）空依傍，亦一有價值之創作也。

（四）關於文學史者，除零篇外以《陶淵明》一書（內有年譜及批評）為最精絕。報載其作《辛稼軒年譜》，力疾屬草，實成絕筆。他日此書印行，當為我國學術史上與人印象最深之紀念物也已。

近兩年來先生在衰病中，醫者禁其著作，已久與中國史學界絕緣。而我國史學界亦日冷落，至於今而益甚，不學無術之人因緣時會，憑藉結納，亦且披猴冠而登壇坫焉。不知我國史界之剝，何日始復也。

（《大公報》，一九二九年二月十一日）

# 跋《梁任公別錄》

張蔭麟

友人張曉峯君摭梁任公先生未刊書札中數十事為《梁任公別錄》，成以授予讀。此時為此文，不禁起予空谷足音之感也。方戊戌前後，任公之在文界，何啻旭日中天？一篇之出，百數十萬人爭誦。曾不四十年，後生已罕或能舉其名，其一知半解者，甚且為蚍蜉之撼。「或榮譽若天仙光寵，消逝時迅越流星。」歌德之詩，可為任公賦矣。《別錄》引王文濡君「褒恤無典」之語，其辭若有憾焉。

頗聞任公之歿，實曾有大力者建言政府，加之褒揚，格於吾粵某巨公而止。今某公往矣。軍興以來，寃親俱泯，黨外人物有聞於時者，政府例為飾終，而未嘗見掩於一眚。況在任公，有大造於文教而無毫末之負於國家。思德追崇，為之永念，以存直道於斯世，今正其時。興言及此，跂望者不少人在。

任公與初期黨人之關係，陳少白氏之《興中會紀要》，及馮自由氏之《革命逸史》，載之綦詳，後有作任公傳者，不可不考。任公與國民黨瀕於同流，而終於分道，師友之讁譴，固與有力，然任公之性格，亦於此見焉。世或惜之，然就任公之立足境言，無可惜也。凡持一信念以易天下者，於其所繫，勢不能變，變則如吳梅村所云：「一錢不值」矣。不事二主之義，非惟於君主之主有然，於主義之主亦有然。昔之創業帝王，於勝朝守節之士，固僇之辱之，及其修勝朝之正史，則必入之忠義傳；於捨舊謀新之俊傑，固寵之榮之，及其修史，則必入之貳臣傳，為任公者，寧入主義上之忠義傳歟？寧入主義上之貳臣傳歟？不待智者而知所決矣。

辛丑以後，任公雖羈海外，漸與若干朝士消息相通，桴鼓相應，今讀其《雙濤閣日記》（在《飲冰室合集》中首次刊布於其身後）而知之。辛亥變起後，袁世凱挽之入閣，雖不就，於清室猶睠然。時有一電復袁，為之策劃，此電文近年始於清宮軍機處電報檔案中發見，載於故宮博物院所印之《史料旬刊》某期中，大意勸清室效法北魏以漢易胡故事，首去滿姓用漢姓，以與民更始。電末並附錄《資治通鑑》紀北魏事一則。策則頗迂。儻所謂無策之策歟？覆袁之役，任公之所抱負，於其與松坡軍中往還書札可見。此諸書札之原蹟，任公曾影印其一部分行世，（題《蔡松坡軍中遺墨》，以紀念松坡者）顧所印不多，流布不廣，世人或罕見之。予記其中任公致蔡一札，大略悔往日欲用人而終為人用之失計，勉蔡經營四川（時黎元洪已任蔡為四川督軍）「莊嚴此土」，以為其黨之根基。

又滇人廖思暘所編《護國軍戰史》，亦載任公致松坡軍中一札之片斷，大略慨言當日軍途之窳壞，而謂欲了國事，非別造一有教育，有精神，有主義之師旅不為功。至練兵之道，則取法乎近而合國情者，莫如求師於季清之曾胡云云。日後國民黨發展所循之路徑，任公其先見及之矣。使松坡不早死，天下事殊未可知。任公入民國來政治營搆之無成，非關人事，亦有天焉。

以言學術，世人於任公，毀譽參半。任公於學，所造最深者唯史。而學人之疵之者亦在是。以為其考據之作，非稗販東人，則錯誤紛出，幾於無一篇無可議者。實則任公所貢獻於史者，全不在考據。任公才大工疏，事繁騖博，最不宜於考據。晚事考據者， 風氣之累也。雖然，考據史學也。非史學之難，而史才實難。任公在「新漢學」興起以前所撰記事之巨篇，若〈春秋戰國載記〉（在《飲冰室合集》中首次刊布於其身後，世人注意之者甚少）若《歐洲戰役史論》，元氣磅礴，銳思馳騕，奔磚走石，飛眉舞色，使人一展卷不復能自休者，置之世界史著作之林，以質而不以量言，若吉朋，麥可萊，格林，威爾斯輩，皆瞠乎後矣。曾試自操史筆之人，讀此等書而不心折者，真無目耳。

昔任公之歿也，予亦曾為文悼之（載當時天津《大公報》文學副刊）顧年稚無知，於其民國後之政治生涯，妄加貶抑。今讀曉峯兄《別錄》，一夕拉雜書此，聊以自懺云。

（《思想與時代》第四期民國卅年十一月）

# 目次

## 梁啓超傳／毛以亨 著

# 梁啟超傳

吳其昌　著

# 第一章
# 一世紀來中國之命運
## ——從鴉片戰爭至梁氏誕生的前夕

### 第一節　緒說

孟子說：「知人論世。」我們要知道一個人全部的事業，瞭解他全部的心境，欣賞他全部的風度，認識他全部的學問，然後才能公正地評判他生平的價值。所以我們要做這個人的傳記，必須暫時把我的神魂，鑽入這個人的時代，並立於這個人的環境，透視了這個人的情緒、性格，然後能做親切有味的描寫、客觀無私的綜述，並且才可成功書寫一部鮮活的信史。

中國這一百年來（一八四二至一九四三）的命運，真正是從樂土跌入了地獄，又從地獄爬回到樂土，一個四千年歷史上從未有的大轉捩期，在道光二十年（一八四〇）鴉片戰爭以前，中國雖然內部已經空虛，但外表承乾嘉餘蔭，還是金光燦爛！南京條約以後，綁上第一條枷鎖！割了第一塊骨肉！以後一條一條地綁上無量數的枷鎖：一塊一塊地割了無量數的骨肉！受著這樣「凌遲」的慘刑，簡直墮入地獄的底層，最慘痛苦楚的時期，正在這一百年的中間。自甲午（一八九四）中日之戰，至庚子（一九〇〇）聯軍之役，那時瓜分的酷刑，已為全世界所宣判定了。稍有血性的國民，都想蹈東海而自殺：陳天華就是著名的代表之一。梁啟超，正是生長在這個最黑暗地獄底層的有血有淚有志氣的一位滿身創傷的青年。他也屢次想跳海而死，但他堅決地相信中國必然不亡，並且斷然復興，所以他在全然無望之中，掙扎奮鬥。但是，可憐，他到死始終不見義師的統一中華。他是在黑暗地獄中過了一生的「盲魚」！雖然他的心是不盲的。別人我不知道，使我而處在梁氏的時代，我恐怕要終日慟哭嘔血而死了。

## 第二節　梁氏生前中國一般的慘況

### 一、陷落於絕望的深淵

我們現在來回頭看看梁氏的時代與環境：

……我國民全陷落於失望時代。希望政府，政府失望！希望疆吏，疆吏失望！希望政黨，政黨失望！希望自力，自力失望！希望他力，他力失望！憂國之士，溢其熱血，絞其腦漿，於彼乎？於此乎？惶惶求索者有年，而無一路之可通；而心血為之倒行，腦漿為之沓

亂！……（〈飲冰室自由書〉）

所以康有為吟著「或勸蹈海未忍去，且歌〈惜誓〉留人間」的詩，後來梁啟超還是告其友明水：「使中國而誠無可為，我惟有蹈東海以死耳！」到底那時環境的現狀是怎麼樣的呢？西洋浪人所常常舉例宣傳，乃至照片繪畫中的鴉片、八股、小腳、長辮、笞臀、殺頭、花酒、磕頭等怪狀，這是最粗淺的有形的外症，人人所知道的。如果稍微放眼深刻地一看，那就更可悲了。

## 二、天災・人禍

放眼先展望那時代整個的國家，則是：

……地利不闢，人滿為患。河北諸省，歲雖中收，猶道殣相望。京師一冬，死者千計。一有水旱，道路不通，運賑無術：任其填委，十室九空。濱海小民、無所得食，逃至南洋美洲諸地，鬻身為奴，猶被驅迫……馴者轉於溝壑，黠者流為盜賊。教匪會匪，蔓延九州，伺隙而動。工藝不興，商務不講，土貨日見減色，而他人投我所好，製造百物，暢銷內地。漏卮日甚，脂膏將枯。（〈論不變法之害〉）

## 三、道德的墮落

以上還可以委之於自然及外來之災禍！然而亡清末年的「漢族奴才」，經過三百年恐怖的大淫威的壓迫，其製造奴根性的政策，居然成功，漢人那時不免大部分呈現著可悲痛的症象。《因明集》有一首古樂府名〈奴才好〉，刻畫得透徹淋漓：

奴才好，奴才好。勿管內政與外交，大家鼓裡且睡覺。
古人有句常言道：「臣當忠，子當孝。」大家切勿胡鬧。
滿清入關三百年，我的奴才做慣了。
他的江山他的財，他要分人聽他好。
轉瞬洋人來，依舊要奴才。
他開礦產我做工，他開洋行我細崽，他要招兵我去當，他要通事我也會。
內地還有「甲必丹」，收賦治獄榮巍巍。
……什麼流血與革命，什麼自由與均財……
我輩奴僕當戒之，福澤所關慎所歸。
「大金」「大元」「大清朝」，主人國號已屢改；
「大德」「大法」「大日本」，換個國號任便戴！

奴才好，奴才樂，世有強者我便服！
三分刁點七分媚，世事何者為齷齪……
滅種覆族事遙遙，此事解人幾難索？
……奴才好，奴才好，奴才到處皆為家，何必保種與保國！

這是蔣智由先生沉痛的血淚，今日吾輩青年讀之，真欲怒髮衝冠，而在當時可並不認為是嚴重的怪像。這種「嚴重的怪像」，真所謂「國家將亡，必有妖孽」。絕不是含血噴人的污蔑、危詞聳聽的肆談。

## 四、思想的顛倒

遠在梁、蔣以前，以謹樸著稱的郭嵩燾，已記其親眼所見云：

……及至京師，折於喧囂之議論，噤不得發。竊謂中國人之心有萬不可解者：西洋為害之烈，莫甚於鴉片煙。英國士紳，亦自恥其以害人者為構釁中國之具也，方謀所以禁絕之。中國士大夫，甘心陷溺，恬不為悔。數十年來，國家之恥，耗竭財力，毒害民生，無一人引為疚心。鐘錶玩具，家家有之。呢絨洋布之屬，遍及窮荒僻壤。江、浙風俗，至於捨國家錢幣，而專行使洋錢，且昂其價，漠然無知其非者。一聞修造鐵路、電報，痛心疾首，群起阻難。至有以見洋人機器為公憤者；曾劼剛（紀澤）乘坐南京小輪船至長沙，官紳起而大嘩，數年不息。是甘心承人之害，以使朘吾之脂膏；而挾全力自塞其利源，蒙不知其何心也！……（《郭筠仙集・與李鴻章書》）

## 五、民智的固陋

越十餘年，梁氏之所親見的，又變本加厲了。他說：

……吾少而居鄉里，長而游京師，及各省大都會，頗盡識朝野間之人物。問其子弟，有知國家為何物者乎？無有也！其相語則曰：如何而可以入泮，如何而可以中舉也。問其商民，有知國家之危者乎？無有也！其相語則曰：如何而可以謀利，如何而可以驕人也，問其士大夫，有以國家為念者乎？無有也！其相語則曰：如何而可以得官，可以得差，可以得館地也，問其官吏，有以國事為事者乎？無有也！其相語則曰：某缺肥，某缺瘠，如何而可以逢迎長官，如何而可以盤踞要津也。問其大臣，有知國恥，憂國難，思為國除弊而興利者乎？無有也！但入則坐堂皇，出則鳴八騶，頤指氣使，窮侈極欲也。……於廣坐之中，若有談國家者，則指而目之曰：是狂人也，是癡人也。其人習而久之……則亦自覺其可恥，鉗口結舌而已，不恥言利，不恥奔競，不恥媟瀆，不恥愚陋，而惟言國事之為恥！習以成風，恬不為怪，遂使四萬萬人之國，與無一人等！……（〈愛國論〉）

任公先生豈不知道，這「莫談國事」的惡風，乃是清朝皇帝三百年來殺頭淫威禁制的結果。過去我在北平讀書的時候，還見到西直門外小茶館裡的黑牆上貼著前清時代尚未刷去的條禁：「莫談國事！」但是痛心的，想不到國民承受這淫刑的結果，竟養成為「無恥」！春秋之義：「蒙大辱以生者，毋寧死！莊子之言：「哀莫大於心死！」哪知道國民受淫威、蒙大辱以後，竟由心死而變成無恥，所以革命的大業，一直要等待中山先生的領導，才能完成啊！

## 六、社會的腐化

這種無恥的怪像、延續到後來，尚為梁氏所親見，他分別地記著：

……越惟無恥，故安於城下之辱……而不思一雪；乃反托虎穴以自庇，求為小朝廷以乞旦夕之命。……官惟無恥，故不學軍旅而敢於掌兵；不諳會計而敢於理財，不習法律而敢以司理。瞽聾跛疾，老而不死；年逾耋頤，猶戀棧豆。接見西官，栗栗變色；聽言若聞雷，睹顏若談虎！其下焉者，飽食無事，趨衙聽鼓；旅進旅退，濡濡若驅群豕！……士惟無恥，故一書不讀，一物不知。出穿窬之技，以作「搭題」；甘囚虜之容，以受收檢。抱八股八韻，謂極宇宙之文；守高頭講章，謂窮天人之奧！商惟無恥，故不講製造，不務轉運；攘竊於室內，授利於漁人。其甚者習洋文為奉承西商之地，入洋塾為操練買辦之才。充犬馬之役，則耀其鄉里；假狐虎之威，乃轢其同族！兵惟無恥，故老弱羸病，苟且充額。力不能勝匹雛，耳未聞談戰事。以軍資十年之蓄，飲酒狎花；距前敵百里而遙，望風棄甲！民惟無恥，百人之中，識字者不及三十。……五印毒物，天下所視為虺為鴆，乃遍國種之，遍國嗜之；男婦老弱，十室八九，依之若命。纏足陋習……習之若性！……（〈知恥學會序〉）

又記：

……學校不立，學子於帖括外，一物不知。其上者考據詞章，破碎相尚；語以瀛海，瞠目不信！又得官甚難，治生無術，習於無恥，懵不知怪。兵學不講，綠營防勇、老弱癖煙，兇悍騷擾，無所可用。一旦軍興，臨時募集，半屬流丐，器械窳苦、餉糈微薄，偏裨以上，流品猥雜。一字不識，無論讀書。營例不諳，無論兵法。……官制不善，習非所用，用非所習。委權胥吏，百弊猬起。一官數人！一人數官！牽制推諉，一事不舉。保獎矇混，鬻爵充塞；朝為市儈，夕登顯秩，宦途壅滯，候補窘悴；非鑽營奔競，不能療饑。俸廉微薄，供億浩繁，非貪污惡鄙，無以自給！限年繩格，雖有奇才，不能特達；必俟其筋力既衰，暮氣已深，始任以事。故肉食盈廷，而乏才為患。……（〈論不變法之害〉）

梁氏雖痛哭流涕地嚷著：「嗟乎！之數無恥者，身有一於此罔不廢！家有一於此罔不破！國有一於此罔不亡！」然而那時的全國，充耳不聞，這也許是天將滅亡滿清政權的表徵。

## 七、太后的奢靡

回頭再看看那時滿清政權的最高主宰，所謂「慈禧太后那拉氏」這老物，則正敲榨國民的汗血，出賣我們祖國百年命運的代價，來揮霍她個人淫樂的享受。用創辦海軍的專款來修造頤和園，只是最顯明著稱的事；此外還有我們所不知道的彌天糊塗賬，例如：

……乙未至戊戌間，凡借外債五千萬磅，除償款外，所餘尚一千二百十七萬磅有奇。辛丑以後，各省每年解一千八百萬兩於北京政府，每年所餘者七百萬兩有奇。及今三年，亦二千萬兩有奇矣。此等羨款，用諸何途？……乙未至庚子，頤和園續修工程，每年三百餘萬兩。皇太后萬年吉地工程，每年百餘萬兩。戊戌秋間，皇太后欲往天津閱操，命榮祿修行宮，提「昭信股票」餘款六百餘萬兩。辛丑回鑾費，據各報所記，二千餘萬兩。辛丑後動工興修之佛照樓（按：即後來之居仁堂）工程，五百萬兩。今年（一九〇三）皇太后七旬萬壽慶典，一千二百萬兩。另各省大員報效，一千三百萬兩。即此犖犖數端，專為一人身上之用，我輩所能知者，其數已達九千萬兩！未知者復何限。……國民乎！國民乎！公等每年繳四千三百萬之膏血，為北京城內一人（那拉氏）無用之私費，公等節衣縮食，拋妻鬻子，以獻納於……北京，為彼一人修花園、慶壽辰、築墳墓之需也！……（《中國國債史》）

## 八、朝廷的昏庸

西太后的荒淫逸樂，另具肺肝既如此：輔翼此淫后老怪之元老大臣則何如？譬如戶部尚書閻敬銘，千方百計撙節浮款，為國家創辦海軍，而皇太后天天向他鬧錢，老大不快，把他革職了事。這一個例，說明除了「混蛋」——如李蓮英，及「惡霸」如榮祿等以外，誰都不能存在，存在的「混大老」呢，請你看看：

……日本人謂我……：握國權者，皆老朽之人也。非哦幾十年八股，非寫幾十年白摺，非當幾十年差，非挨幾十年俸，非遞幾十年手本，非唱幾十年喏，非磕幾十年頭，非請幾十年安，則必不能得一官，進一職！其內任卿貳以上，外任監司以上者，百人之中，其五官不備者，殆九十六七人也！非眼盲，則耳聾。非手顫，則足跛。否則「半身不遂」也。彼其一身飲食、步履、視聽、言語，尚且不能自了，須三四人在左右扶之捉之，乃能度日。於此而乃欲責之國事，是何異立木偶而使之治天下也。且彼輩自其少壯之時，已不知亞、歐、非、美為何處地方；漢祖、唐宗是那樣皇帝；猶嫌其頑鈍腐敗之未臻其極，又必搓磨之，陶冶之，待其腦髓已涸，血管已塞，氣息奄奄，與鬼為鄰之時，然後將我二萬里山河，四萬萬人命，一舉而畀其手！嗚呼！……

而彼輩者積其數十年之八股、白摺、當差、挨俸、手本、唱喏、磕頭、請安，千辛萬苦……乃始得此「紅頂」「花翎」之服色，「中堂」「大人」之名號。乃出其全副精神，竭其畢生力量，以保持之。如乞兒拾金，雖轟雷盤旋頂上，而兩手猶緊抱其荷包，他事非所顧、非所知、非所聞也。於此而告之以亡國也，瓜分也、彼烏從而聽之，烏從而信之！即使果亡矣，果分矣，而我今年既七十矣、八十矣，但求其一兩年內，洋人不來，強盜不起，我已快活過了一世！若不得已，則割三省兩省土地，奉申賀敬，以換我幾個衙門；賣三五百萬之人民，做奴為僕，以贖我一條老命。有何不可！有何難辦！嗚呼！今之所謂老后、老臣、老將、老吏者，其修身、齊家、治國、平天下之手段，皆具於是矣。……（〈少年中國說〉）

## 九、外交的腐敗

至於最重要的周旋世界、折衝列強、掌握國防和戰之樞機、控制國家存亡之命運的機構，叫作「總理各國事務衙門」，簡稱「總理衙門」，將呈何種狀況呢？那更妙了，素有「混蛋加三級」之雅號（北京飯館裡，「水炖蛋」加上雞丁、雞片、雞絲——三雞——這碗菜就叫「總理衙門」）。大家所親見的：

……總理衙門老翁十數人，日坐堂皇。並外國之名且不知，無論國際，並己國條約且未寓目，無論公法，各國公使領事等官，皆由奔競而得，一無學識……（〈政變原因答客難〉）

這實在是千真萬確之事，當時曾有「把九龍弄到澳洲東南」的笑話，因為澳門與澳洲，這班「老王爺」實在有點攪不清楚！

「使」「領」之由奔競而得，也是事實，以出使日本的為尤甚，只見把「捉留學生」、「殺革命黨」為唯一要務。當時一位留日學生——筆名「東亞傷心人」——作一首新樂府，名「哀星軺」，譏使臣「獻媚蓄意殺學生」，附帶敘述使臣的出身，說：

……使臣當日好肩背，南洋販米東洋賣，相公堂前，袖獻票紙；王爺膝下，跪呈扇子。王爺心緒憂，肥奴旁侍喘如牛，親捧留聲機器奏床頭。翁在街頭賣掛命，兒走上房司門政，兒今做貴人，紫綬金章襯絲巾……

## 十、軍隊的黑暗

「若以練兵論之」，那麼：

……用洋將統帶訓練者，則授權洋人，國家歲糜巨帑，為他人養兵以自噬；其用土將者，則如董福祥之類，借眾鬧事，損辱國體，動招邊釁，否則騷擾閭閻而已，不能防國，但能累民；又購船、置械於外國，則官商之經手者，藉以中飽自肥，費重金而得窳物，如是則練兵

反不如不練！……（〈政變原因答客難〉）

上面這段話，沒有一字是虛謊，甲午戰爭就慘敗在這真憑實據上。

……據英人蒲蘭德（Bland）的記述說：「在戰爭發生前二年，漢納根（李鴻章部下服務的德人）請李鴻章購買多量克魯伯廠所造的大開花彈，供戰鬥艦上大炮之用。李氏已經簽發了命令，但是終於不曾實行。……當黃海海戰時，至有兩艘戰鬥艦，共同只有三顆大開花彈！因此在大半日的苦戰當中，中國戰艦大口徑的巨炮皆閒擱不能作用。」至於中國自己製造的魚雷，據嚴復所說，有用鐵渣來代替火藥裝在裡面的！海軍是李鴻章用全力經營的，內容的腐敗如此，陸軍就更不用說了。……（李劍農：《中國近百年政治史》）

## 十一、實業的叢弊

再換一個方面，就當時推行關於經濟建設的新政來觀察：

……以開礦論之……西人承攬，各國要挾，地利盡失，畀之他人；否則奸商胡鬧，貪官串弊，各省礦局，只為候補人員「領乾脩」之用，徒糜國帑，如是則開礦反不如不開。（〈政變原因答客難〉）

中國舊例：官紳之不辦事而借空名以領俸，謂之「乾脩」。凡各省之「某某局總辦」、「某某局提調」無不皆是也。

……乃至興一利源，則官與商爭，紳與民又爭；舉一新政，則政府與行省爭，此省與彼省又爭；議一創舉，則意見歧而爭，意見不歧而亦爭。究之陰血周作，張脈僨興，旋動旋止，只視為痛癢無關之事……（〈南學會序〉）

所以清末「官商合辦」的，或是「官督商辦」的經濟建設，沒有一件不是徹骨失敗的。後來川漢鐵路的建設，可憐路基已經鋪到宜昌，只因「官與民爭」，就擴大為清廷覆亡的致命傷！

## 十二、貪污的普遍

如果我們看完了官場中的上層階級，還覺得未能惡貫滿盈，不妨再走入普通官場，看看中下層吏曹郎官的一般風氣：

……前此京朝士大夫，樸素如老儒。入署大率步行，宴客不過數簋。歲得俸廉數百金，即足以自給。其名士，往往敝衣破帽，蕭然自得，而舉國且仰其風采也。……（〈說國風・

中〉）

如果長能如此，那也罷了。但是到後來呢？啊，但只見：

……今也，全國富力，有日蹙而無日舒；而中流社會之人，日相炫以豪華。雖以區區一曹郎，而一室之陳設耗中人十戶之賦。一席之飲宴，值會典半年之俸。而其尤宦達者，更無論也。……（〈說國風・中〉）

所謂「其尤宦達者」淫奢滔天的罪惡，你如果不信，請你一讀薛福成《庸盦筆記》裡面的「河工奢侈之風」條。

……老於河工者為余談：……每歲經費，實用之工程者，十不及一！其餘以供文武員弁之揮霍，大小衙門之酬應，過客游士之餘潤。凡飲食、衣服、車馬、玩好之類，莫不鬥奇爭巧，務極奢侈。即以宴席言之，一豆腐也，而有二十餘種。一豬肉也，而有五十餘種。……（中間敘述種種罪惡甚怪甚詳，不欲污我文筆，從略），食品既繁，雖歷三晝夜之長，而一席之宴下能畢！故河工宴客，往往酒闌人倦，各自引去，從未有終席者。此僅舉宴席以為例，而其餘若衣服車馬玩好，豪奢之風，莫不稱是。各廳署內，自元旦至除夕、無日不演劇；自黎明至夜分，雖觀劇無人，而演者自若也。每署幕友數十百人，遊容或窮困無聊，乞得上官一名片，以投廳、汛各署，無不延請。有為賓主數年，迄未識面者！幕友終歲無事，主人夏饋「冰金」，冬饋「炭金」，佳節饋「節敬」；每逾旬月，必饋宴席。幕友有為棋、博、樗蒲之戲者，得赴帳房領費，皆有常例。……新點翰林，有攜朝貴一紙書謁河帥者，河帥為之登高而呼，萬金可立致。舊人拔貢，有攜京員一紙書謁庫道者，千金可立致！嗟乎！國家歲糜巨帑以治河，而頻年河決，更甚於今日。竭生民之膏血，以供貪官污吏之驕奢淫僭，天下安得不貧苦！……

其他如外人所記，太監安德海、李蓮英等之恃西後淫縱禍國，那更甚於此！養成亡清「全國宦場」的國風，貫徹上、中、下，不論貧、窮、富、一樣的：

……前此偶有遊戲，諱莫如深。今則樗蒲之博，以夜繼晝；狹邪之游，張旗鳴鼓。職務廢於醉飽，神志昏於姣孌！而舉國未或以為非也。前此賄賂苞苴，行諸暮夜；饋者受者，咸有戒心。今則攫金於市，載寶於朝，按圖索驥，選樹論價，恬然不以為恥，而且以此誇耀於其儕輩也。……（〈說國風・中〉）

## 第三節　梁氏生前中國一般的教育狀況

夠了！這部《地獄底層的官場現形記》的電影，在此重映一通，青年們！會使你哭笑不得，血淚倒流，是不是？你看了這部電影，你才知道清末的志士仁人，革命英烈，所拋的頭顱，所噴的碧血，其意義如何的壯烈偉大了。中山先生，自然是最偉大的建國成功者，而梁啟超冒九死一生，首先發難，勇住直前地衝鋒。他自己承認陳勝、吳廣之功，但天下後世的公評，他的勳勞，他的氣魄、精神、聲威，實在比陳勝、吳廣要高出萬倍！

這些暫且擱起，這電影還有下半部，是當時「地獄底層的文化界現形記」，也請今日青年一看。

還在梁氏四歲的時候，美國的電話已經裝起來了，而同時在中國呢？

……記得光緒二年，有位出使英國的大臣郭嵩燾，作了一部遊記，裡頭有一段，大概說：「現在的夷狄，和從前不同，他們也有二千年的文明。」哎喲，可了不得！這部書傳到北京，把滿朝士大夫的公憤，都激動起來了。人人唾罵，日日奏參，鬧得奉旨毀版，才算完事。……（《五十年中國進化概論》）

更前十年（同治六年），宰相名儒倭仁，反對李鴻章在北京設同文館的怪事，那更不必說了。

## 十三、童年生活是怎樣的

既然全國沒有半個學校的教育，我國民自童年以至青年最寶貴的一段光陰，所受的生活薰染是怎麼樣的呢？

……若其髫齡嬉戲之時，習安房闥之中，不離阿保之手。耳目之間所日與為緣者，捨床笫、筐篋、至猥極瑣之事，概乎無所聞見。其上焉者，歆之以得科第，保祿利；誨之以嗣產業，長子孫；斯為至矣。故其壯也，心中目中，以為天下之事，更無有大於此者。萬方億室，同病相憐；冥冥之中，遂以釀成今日營私趨利，苟且無恥，固陋野蠻之天下……且恬然不以為怪。故試取西人幼塾乳臭之子，與吾此間龐壯碩老之士大夫相挈，其志趣學識，必有非吾此間此輩之所能望者！豈其種之特異哉，無亦少而習焉者之不得其道也。……（〈論女學〉）

或者說：梁氏所描與的，還是中上階級社會中青年子弟所遭際的情形，自然還有更慘於此的下層社會的貧苦子弟，他們所受的生活熏染是怎樣的呢？在清末還沒有描繪此類的速寫，我只有請你讀一讀後來魯迅《吶喊》集的《阿Q正傳》、〈藥〉兩篇文章來彌補這遺憾。

……遺風相傳下來，江南的小康子弟，在老祖母的監護之下，諄諄地教訓他道：「不許上鴉片館，可以在家設燈盤，抽大煙。不要去嫖，可以揀一個合意的丫頭或窯姐討一房小婆娘伴著你。」這類的慈訓，社會上都是稱為「教子有方」的。不多幾年，這白面少爺，已經是弄到骨瘦如柴，家產蕩盡，先於老祖母而死了。等到「教子有方」的這位老太太死時，無棺可斂，躺著尼姑庵的「施棺材」而了結。這類為社會家庭葬埋的青年，作者的眼內，還親見小小一鄉鎮內有數十件之多。

## 十四、青年教育是怎樣的

如果家內出了有志青年，那麼也有「黃卷青燈，十年苦讀」的學子。但是我們來看看他埋頭十年，疲精竭神，所下苦功的對象，是什麼東西呢？就是所謂八股文、八韻詩。「八股文」這神秘的名稱，我們聽得爛熟；究竟是怎麼一回事呢？

……明中葉以後，始盛行四股、六股、八股，破、承、起講之格。雖名為說經之文，實則本唐代詩賦，專講排偶聲病。如宋元詞曲，但求按譜填詞，而蕪詞讕言，駢拇枝指，又加甚焉。……格式既定，務使千篇一律；稍有出入，即謂之不如格。是以習舉業者，陳陳相因，塗塗遞附；黃茅白葦，一望皆同。限以「三百」、「七百」之字數，拘以「連上」、「犯下」之手法。雖胸有萬卷，學貫三才者，亦必俯就格式，不許以一語入文。其未嘗學問者，

亦能揣摩聲調，敷衍講章，弋獲巍科，坐致高位。……（楊漪春侍御奏稿：〈請釐定文體摺〉）

到清末更可笑了，更可殺了，竟以「遊戲文章」公然作為國家登進人才的標準。而其遊戲的下流不通，還遠在「燈謎」、「詩鐘」、「酒令」、「牙牌」之下！全國白晝跳踉著這種文妖，真使人感覺著「清室不亡，是無天理」的！

……更有甚者，各省歲科、童試、縣考、府考、院考，多出「截上」、「截下」、「無情」、「巧搭」等題（例如「子見南子，自牖執其手」之類），割裂經文，瀆侮聖言。……而各省沿用，毫不為怪。此種文體……起、承、轉、收、擒、釣、渡、挽，其法視文網為尤密，其例視刑律為尤嚴。遂使天下百千萬億之生童，日消磨精力於此等手法之中，捨纖仄機械之外，無所用其心，恐有旁騖而文法因以疏也。捨「串珠」、「類腋」之外，無所用其學，恐有博涉而文體因以雜也。……（楊漪春侍御奏稿：〈請釐定文體摺〉）

這位因變法而喪首的戊戌六君子之——楊深秀，於是喟然長歎道：

……夫天下之士子，莫多於生童也。盈廷之公卿，皆起自生童也。而其用心及其所學如

此！驅天下有用之才，而入於無用之地；一旦而欲舉以任天下之事，當萬國之衝，其可得乎！……（同上）

至於八韻詩的內容，尤為無味，不必多講；而其最荒謬可笑者，以現代人之方音，而必須押隋、唐時代之韻腳，無理取鬧如此，而反認為天經地義。所以聲韻是用腦筋來硬記的，不是用耳朵來聽的！以致名震一時的老詩人，往住鬧出「出韻」的笑話：

湖口高碧湄大令心夔，少有才名；其駢文書法及散體詩，均造深際……殿試兩次出韻，皆在「十三元韻」中，遂列四等。衡陽王壬秋闓運，贈以詩曰：「平生兩四等，該死十三元！」（《庸盦筆記》）

這真是活埋青年、活埋天才的秦坑！

## 十五、官辦「洋學堂」是怎樣的

後來，滿清政府也來辦「洋學堂」了。可是人民說「上洋學堂，會給洋人挖去眼睛的」，絕對不來。小康之家以上的「爺們」，更是聞「洋學堂」之名而唾口水！

梁氏記著：

……前清末年辦學堂，學費、膳費、書籍費，學堂一攬千包，還倒貼學生膏火；在這種條件底下招考學生，卻是考兩三次還不足額……好像拉牛上樹！（〈十年雙十節之樂觀〉）

「洋學堂」裡像「拉夫」一樣地拉到了一批不三不四的學生了；以後又怎麼樣呢：

……但教方言以供翻譯，不授政治之科，不修學藝之術，能養人才乎？科舉不變，榮途不出士大夫之家，聰穎子弟皆以入學為恥，能得高才乎？如是則有學堂如無學堂。且也學堂之中，不事德育，不講愛國，故堂中生徒，但染歐西下等人之惡風，不復知有本國，賢者則為洋傭以求衣食，不肖者且為漢奸以傾國基，如是則有學堂反了如無學堂。……（〈政變原因答客難〉）

可不是嗎，梁氏的預言，竟成為仙讖，當年北洋官費留美培植出來的學生陳錦濤，老而不死，竟「為漢奸以傾國基」！而且，後來比較規模像樣的學堂，鬧得也有督辦、總辦、會辦、坐辦各大員的怪象。除了坐辦算是坐在校內像個校長模樣以外，督辦大臣等，都是「身滯京邸」而遙遙指揮滬、寧各校。譬如南洋公學的監督、總辦等，換了八九個，終未出北京一步。至唐文治始毅然出京蒞校，一時驚為奇事、而有「模範堂長」之頌！

那時「文化界現形記」的電影，如此如此。所以，中山先生要手創學校於日本橫濱，後來就交給梁氏去辦理，此即名震一時的大同學堂。

## 第四節　梁氏後來對於祖國命運的影響

在這樣地獄底層的教育狀況，向後再看看康有為的萬木草堂，雖然不過是一座規模較大的「經館」，雖然「草堂學則」上所定的課程依然不脫頑固老儒的氣味，而在當時，誰也目為這是地獄底層第一盞點起的明燈，再往後看看陳寶箴、黃遵憲、江標、熊希齡、梁啟超、譚嗣同、唐才常等在長沙合辦的時務學堂，那便算地獄底層的火炬了。至於被迫而敷衍的欽辦京師大學堂，那又是一座老翁高坐的衙門，捐監入學的尾閭，與「學問」二字，如風馬牛，一直要等到蔡元培先生來做校長，才算整頓而上軌道。

### 十六、文體的改革

若論文體的改革，梁氏的功績，實在是他最偉大的所在。梁氏亡後，胡適送他的輓聯說：

文字成功，神州革命！
生平自許，中國青年。

繼梁氏而起，而做更進一步的文體改革者，便是胡氏。所以胡氏對於任公這點上的功績，認識得特別清楚。不錯，你看了前面楊深秀所描繪、全國青年所搖頭擺腰而吟哦的八股文，其內容的妖模怪樣，骯髒齷齪，已經領教過了；若再跳出圈子來看看當年一班青年文豪，各家推行著各自的文體改革運動，如寒風凜冽中，紅梅、臘梅、蒼松、翠竹、山茶、水仙，雖各有各的芬芳冷豔，但在我們今日立於客觀地位平心論之：譚嗣同之文，學龔定庵，壯麗頑豔，而難通俗；夏曾佑之文，更雜以莊子及佛語，更難問世；章炳麟之文，學王充《論衡》，高古淹雅，亦難通俗；嚴復之文，學漢魏諸子，精深邃密，而無巨大氣魄；林紓之文，宗緒柳州，而恬逸條暢，但只適小品；陳三立、馬其昶之文，祧禰桐城，而格局不宏；章士釗之文，後起活潑，忽固執桐城，作繭自縛。至於雷鳴潮吼，恣睢淋漓，叱吒風雲，震駭心魂；時或哀感曼鳴，長歌代哭，湘蘭漢月，血沸神銷，以飽帶情感之筆，寫流利暢達之文，洋洋萬言，雅俗共賞，讀時則攝魂忘疲，讀竟或怒髮衝冠，或熱淚濕紙，此非阿諛，惟有梁啟超之文如此耳！即以梁氏一人之文論，亦惟有「戊戌」以前至「辛亥」以前（約一八九六至一九一〇）如此耳。在此十六年間，任公誠為輿論之驕子，天縱之文豪也。革命思潮起，梁氏的政見既受康氏之累而落伍，梁氏有魔力感召的文章，也就急遽地下降了。可是就文體改革的功績論，經梁氏等十六年來的洗滌與掃蕩，新文體（或名報章體）的體制、風格，乃完全確立。國民閱讀的程度，一日千里，而收穫了神州文字革命成功之果了。

## 十七、報紙的改革

除學校外，推進文化唯一的利器，則為報館。輔助教育，啟發民眾，指導社會，介紹新學，宣傳主義，主持公論，監督行政，糾彈非法，為民喉舌……這許多神聖工作，都要靠報紙來負責實行。然而清末的報界狀況又怎麼樣呢？凡是沒有洋人與租界的都會，一概沒有報紙：

……京都首善之區，而自聯軍割據以前曾無報館，此真天下萬國之所無也。每省之幅員戶口，皆可敵歐洲一國，而除廣東、福建外，省會之有報館者無一焉。此亦世界之怪現象矣……〈《清議報》一百冊祝辭〉

有洋人與租界的都會，才有模仿洋人創辦華文報紙的。梁氏說：「近每以來，陳陳相接，惟上海、香港、廣州三處，號稱最盛。……」然而這類操於出身八股的無聊「文丐」之手的華文報紙，內容又怎樣呢？

……每一展讀，大抵「滬濱冠蓋」、「瀛眷南來」、「祝融肆虐」、「圖竊不成」、「驚散鴛鴦」、「甘為情死」等字樣，填塞紙面，千篇一律。甚者乃如臺灣之役，記劉永福之娘子軍！團匪之變，演李秉衡之黃河陣！明目張膽，自欺欺人。觀其論說，非「西學原出中國

考」，即「中國不亡是無天理論」也。輾轉抄襲，讀之惟恐不臥！……（同上）

我想現代有志青年，看著這樣嘔飯而又痛心的報紙，也要讀之惟恐不臥！

## 十八、新興各報述評

報紙的改革，與文體的改革，是有不可分離的關係。當時梁氏創辦《時務報》、《清議報》、《新民叢報》、《國風報》等於上海及日本。黃遵憲、譚嗣同、唐才常等創辦《湘報》於長沙。陳範、蔡元培、章炳麟、章士釗等創辦《蘇報》於上海。嚴復、夏曾佑等創辦《國聞報》於天津。日本留學生創辦《譯書彙報》、《國民報》、《開智錄》等於東京。張繼等創辦《國民日日報》於上海。其他為中山先生所領導的革命團體，在國內、國外創辦了大量的日報與雜誌，如《中國日報》（香港）、《民生日報》（檀香山）、《大同報》（舊金山）、《中興報》（新加坡）、《革命軍》（鄒容作）、《慘世界》（蘇元瑛作）、《蕩虜叢書》（章士釗編）、《陸沉叢書》（陳去病編）、《黃帝魂》（上海），及《漢幟》、《漢聲》、《江蘇》、《浙江潮》、《新湖南》、《警世鐘》、《二十世紀之支那》（東京）等。就形質言，收穫了報紙改革的成功。就超越的意義言，同時收穫了文體改革的效果，並且以文體改革為工具，為利器，連帶收穫了政體改革的成功，以至國體改革的成功。

# 第二章
# 亡國景象與維新初潮
## ——從梁氏誕生至戊戌變法

## 第五節　綜敘

同治十二年，即公曆一八七三年，梁啟超生於廣東省新會縣厓山附近之熊子鄉。字卓如，後來改字任公，別號飲冰室主人。

這一年，是怎樣的一個年頭呢？中興偉人曾國藩已在前一年逝世了，左宗棠已六十三歲，李鴻章已五十一歲。梁氏的重要師友：李端棻四十一歲，黃遵憲約三十四歲，康有為十七歲。現代史上主角與梁氏有關係者：亂世奸雄袁世凱十五歲，建國中山先生八歲。戊戌成仁六君子，可考者：楊深秀二十五歲，劉光第十七歲，譚嗣同九歲，林旭後一年生。梁氏晚年學友王國維後一年生，弟子蔣方震後七年生，蔡鍔後八年生。……盡碎鴉片戰爭以來中國所戴之枷鎖，而地獄底層黑暗之中，始睹一縷祥光之湧現！

## 第六節　亡國現象的種種

### 十九、禍根的溯源

此時就中國的命運而言，正如轉巨石於危崖之上，一落千丈的衰頹，梁氏自述說：

……請言百年以來之事：乾隆中葉，山東教匪王倫之徒起，三十九年平。同時有甘肅馬明心之亂，據河州、蘭州，四十六年平。五十一年臺灣林爽文起，諸將出征皆無功，五十二年乃平。而安南之役又起，五十三年乃平。廓爾喀又內犯，五十九年乃平。而五十八年，詔天下大索白蓮教首領不獲；官吏以搜捕教匪為名，恣行暴虐，亂機滿天下。五十九年，貴州苗族之亂遂作，嘉慶元年，白蓮教遂大起於湖北，蔓延河南、四川、陝西、甘肅，而四川之徐一德、王三槐等，又各擁眾數萬起事，至七年乃平。八年浙江海盜蔡牽又起。九年，與粵之朱濆合，十三年乃平。十四年粵之鄭乙又起，十五年乃平。同年，天理教徒李文成又起，十八年乃平。不數年，而回部之亂又起，凡歷十餘年至道光十一年乃平。同時湖南之趙金龍又起，十二年平。天下凋敝既極，而鴉片戰役又起矣。十九年英艦始入廣東。二十一年取舟山、廈門、定海、寧波、乍浦，攻吳淞，下鎮江。二十二年結《南京條約》乃平。而兩廣伏莽，已遍地出沒無寧歲。至咸豐元年，洪、楊遂乘之而起，蹂躪天下之半！而咸豐七年，復有英人入廣東擄總督之事。九年，復有英法聯軍犯北京之事。而洪氏據金陵凡十二年，至同治二年始平。而捻黨猶逼京畿，危在一發，七年始平，而回部、苗疆之亂猶未已，復血刃者數載，及其全平，已光緒三年矣。（《新民說．論進步》）

## 二十、延續的天災人禍

梁氏未生以前的中國國運如此，禍根延續，梁氏既生以後的國運何如呢？

……自同治九年天津教案起，爾後民教之哄，連綿不絕。光緒八年，遂有法國安南之役，十一年割送安南始平。二十年，日本戰役起，二十一年割送朝鮮、臺灣，結《馬關條約》始平。二十四年廣西李立亭、四川余蠻子起，二十五年始平。同年，山東義和團起，蔓延各省，幾至亡國；為十一國所挾，二十七年結《辛丑條約》始平……（同上）

這僅就戰爭流血等慘史而言，而且偏重於內亂方面的。

## 二十一、此年的國際形勢及世界大勢

就梁氏生後的世界大勢及國際形勢去觀察一下：這一年（一八七三），美國南北戰爭平定，重告統一，已經八年，「擠入列強之林」了。日本明治即位，維新成功，已經六年了。蘇伊士運河開通，英國握世界海權，已經四年了。普法戰爭終止，德國一躍為世界巨強，已經三年了。義大利馬志尼、屈黎波的二傑，進軍羅馬，以後卒造成意國統一之基，正在這年。這許多列強，此時都成為天之驕子，而合力以對付這東亞老朽昏庸而遺產豐富的中國！大者則截肢體，小者則割一臠，而中國就無辜受著「車裂」及「凌遲」之慘刑！

小者如租界、租借地，今姑不復敘述。其較大而割一肢一體者，如下表。

## 二十二、中國遭受瓜分的「史跡表」

咸豐十年（一八六〇）　割東海濱省及庫頁島於俄。
同治三年（一八六四）　俄私取我中亞藩屬地塔什干（Tashkand）。
同治六年（一八六七）　俄私取我中亞藩屬地撒馬爾罕（Samarkand）。
同治七年（一八六八）　俄滅我僑民建立之中亞藩國布哈爾（Bukhara-Khan）。
同治十一年（一八七二）　俄滅我僑民建立之中亞藩國基華（Khiva-Khan）。
光緒二年（一八七六）　俄滅我僑民建立之中亞藩國浩罕（Khokand-Khan）。
光緒五年（一八七九）　日本私取我六百年太平洋藩國琉球。
光緒十一年（一八八五）　法割我秦漢以來已成內地之安南全部。
光緒十一年（一八八五）　英法瓜分我中南半島之藩屬國南掌。

光緒十二年（一八八六） 英滅我滇民建立木梳部朝之緬甸全國。
光緒廿二年（一八九六） 日本割我藩國朝鮮及內省臺灣。

## 二十三、帝俄侵華的陰謀

舐糠及米，剝床及膚，到了十九世紀除夕（一八九九）的前夜，那風聲愈傳愈緊，中國已成為列強俎上之肉，只待手起刀落而已！

梁氏說：

……曾不知支那股份之票，已騈闐於西肆。中國瓜分之圖，已高漲於議院！……（〈南學會序〉）

明年（一九〇〇），二十世紀開始，果然全世界十一國聯軍共陷中國的首都！這真是「開刀大吉」的時候了，然而何以忽然又不瓜分了呢？別的原因雖有，而其中最大的秘密原因，是俄、日兩帝國都懷著不可告人的鬼胎、野心，妄想獨吞中國，而暗中加以破壞。帝俄當時的妄想獨吞中國，可以從東三省佔領後絕對不肯撤兵，及後來與李鴻章簽訂《中俄密約》二事來證明。

## 二十四、暴日蓄志亡華的深心

至於日本，人家都以為它近年來才開始蓄意妄想獨吞中國，但在八十年前，當日本還是一個閉關自守、微弱貧困、「顯微鏡下的小國」的時候，已經企圖「巴蛇吞象」，「蚍蜉撼樹」，早已想獨吞中國，「為中華主」了。你或者要吃一驚吧？

蠻徒豐臣秀吉、我們不必再談。名聞一時的維新首勳的志士吉田松陰，不分國界，我們是何等敬重他啊！但他在獄中所著的《幽囚錄》中，明明白白地說：

……今急修武備，艦略具，炮略足，則宜開發內諸侯。秉間奪加模、察加、澳都加。諭琉球朝貢，會同內諸侯。責朝鮮納質、奉貢，如古盛時。北割滿洲之地。南收台灣、呂宋諸島。漸示進取之勢。然後愛民養士，慎守邊圉，則可謂善保國矣。……

這是第一步驟，帖中還毫不諱言地講了第二步驟，說：

……培養國力，兼弱攻昧；割取朝鮮、滿洲，併吞中國。所失於俄、美者，可取償於朝鮮、滿洲！……

你看八十年來日本兇惡的政客與軍閥，所有的一舉一動，哪一件不按照著吉田松陰的遺志，按譜踏拍地在那裡進行！

還有一個比吉田松陰時代略前的人，名佐田信淵。他的名著《混同政策》，裡面說：

……凡侵略他邦之法，必自弱而易取始。當今世界萬國中，我日本最易攻取之地，無過於中國之滿洲者。何則？滿洲之地，與我日本之山陰、北陸、奧羽、松前等處，隔一衣帶水，遙遙相對。距離不過八百里，其勢之易於擾亂可知也。故我帝國何時方能征討滿洲，取得其地，雖未可知；然其地之終必為我有，則無可疑也。夫豈但取得滿洲已哉！支那全國之衰微，亦由斯而始。既取得韃靼（指蒙古地）以後，則朝鮮、中國，皆次第可圖矣！……

我們讀了這樣明目張膽的「吞華論」，回頭來看什麼「田中奏摺」內所說的「欲征服世界，必先征服中國；欲征服中國，必先征服滿洲」，就可不必驚怪，因為這不過是日本八十年來上上下下人人暗誦的一句口頭禪罷了。

如果有人推諉說，這是在野志士的言論。那麼在朝諸侯的言論何如呢？諸侯島津齊彬評論李鴻章的割棄安南事，說：

……不圖清國一弱至於如斯也！以彼地廣人眾，豈無忠臣義士？而鴉片戰爭以後，政治仍然不整。內有長髮之擾，外被英、法之侵；割地請和，天子蒙塵，謂非恥辱之大者耶？我國介在東陲，誠不可不早為之備。英、法既得志於清，勢將轉而向東。先發制人，後發制於人。以今日之形勢論，宜先出師，取清之一省，而置根據地於東亞大陸之上。內以增日本之勢力，外以昭勇武於宇內！則英、法雖強盛，或不敢干涉我矣。夫清國沿海諸地，關係日本國防者，惟福州為最。取而得之，於國防有莫大之利益焉。況清人與日本人異，苟兵力足以制其民，則無不帖然服從！彼英、法遠隔重洋，尚不憚用兵之勞以取之，況我日本乎。……然清國素以地廣人眾，傲慢自尊，視日本如屬邦！……故我之入手第一招，當以防外夷之攻略為上策。或助明末之遺臣，先取臺灣、福州二地，以去日本之外患。雖取此二地，即我薩隅之兵已足。惟無軍艦則不足以爭長海上。故當今之計，又以充實軍備為急圖。……

現在也有人說，李鴻章對於安南之役，收拾得如此潦草，結束得如此荒唐，土地割送得如此輕鬆而巨大，寧受中外同聲的唾罵而不恤，正是因為李氏那時已經秘密探到日本吞華的國策，巨禍將發於肘腋之間，故其外交重點，突然離法而謀日。此說是否正確？現在還無法證明。但安南之役以後，中日二國都開始競爭「新海軍」的創建，那倒是有目共睹的事實。

要說當時日本吞華的野心，中國方面完全不知道，那也絕非事實所宜有。漢學甚深、道德甚高的犬養毅氏，和孫、康、梁都是至交。但他也曾親向任公吐出肺腑之言。

一九〇〇年，梁氏有澳洲之遊，往別犬養木堂：

……犬養木堂（毅）語余云：「日本今無事可做，惟將投身於亞洲大陸耳！」……（《飲冰室詩集：壯別二十六首》中自注）

這話是在庚子八國聯軍之役的前夕說的。由此可知，縱然中國無拳匪的內亂，縱然全世界列強都要保全中國；而日本的居心，無論有道德、崇漢學的學者，以及吃人肉、亡人國的軍匪，人人都毫不留情地要吞中國而帝中華！我現代多血多淚的有志青年啊！如果你生長在這時候，你將要如何地悲憤切齒、奮發淬礪啊！

## 第七節　梁氏幼年的家庭生活及家鄉環境

### 二十五、鐫留著悲壯史跡的厓山熊子鄉

熊子鄉——這梁氏降生的地點，也足夠刺激梁氏一生之榮譽和熱血。何以故？梁氏自己就曾說過：

余鄉人也，於赤縣神州，有當秦漢之交，屹然獨立群雄之表數千年，用其地與其人，稱蠻夷

大長，留英雄之名譽於歷史上之一省。於其省也，有當宋元之交，我黃帝子孫與北狄異種血戰不勝，君臣殉國，自沉厓山，留悲憤之紀念於歷史上之一縣。是即余之故鄉也。……余實中國南端之一島民也。……（〈三十自述〉）

梁氏以一「數百年棲於山谷」而為「島民」之特質，而自幼即受本鄉過去「光榮」和「悲痛」兩大紀念之刺激，梁氏一生命運「種子的熏習」，即奠基於此時。

## 二十六、祖榻上的口訓

他腦海熏習中所受最早、最潔、最純和一生印象最深的，當推他祖父梁維清的口訓：

（余）逮事王父者十九年。……（王父）愛余尤甚……四五歲就王父及母膝下授四子書、《詩經》，夜則就睡王父榻，日與言古豪傑、哲人嘉言懿行。而尤喜舉亡宋、亡明國難之事，津津道之。……（同上）

後來，梁氏雖然受「康黨」所挾持，不能始終追隨中山先生以倒滿清，但他在光緒三十一年（一九〇五）所發表的言論，竟是一個激烈的革命黨！

……鄙人雖無似，一「多血多淚」之人也。每讀《揚州十日記》、《嘉定屠城紀略》，未嘗不熱血溢湧！故數年前主張「排滿論」，雖師友督責日至，曾不肯即自變其說。至今日而此種思想蟠結胸中，每當酒酣耳熱，猶時或間發而不能自制。苟思有道焉，可以救國……鄙人雖木石，寧能無歆焉！……（〈申論種族革命與政治革命之得失〉）

像這種文章，真可與當時革命黨的宣傳品的筆鋒，交相比美。嚴復認為「梁氏實為亡清代二百六十年社稷之人」！（見《學衡雜志‧嚴幾道與熊純如手書》）雖然未免推獎過甚，然而他的首先發難的功績，實在是不容否認。

而梁氏也曾說：

當光緒、宣統之間，全國有智識、有血性的人，可算沒有一個不是革命黨。但……手段卻有小小差異：一派注重民族革命，說是只要把滿洲人攆跑了，不愁政治不清明。一派注重政治革命，說是把民治機關建設起來，不愁滿清政府不垮臺。……（《時事雜論‧辛亥革命的意義》）

這話可以代表當時多少有血性的人的意見，雖不可知，但無論如何，卻確確實實可以代表梁氏個人當時的意志和行動。

## 二十七、開始離鄉——睜開眼睛了

童年的梁啟超，究竟不過是一個不見世面、孤棲山海的「島民」，然則他後來一生的政治、民族、文化等意識，是怎麼樣養成的呢？他雖然是一個聰明絕頂的天才：六歲，五經卒業；九歲，能做千言的文章；十二歲，便中秀才。可是天天所埋頭鑽研的，不過是八股。雖是他自己極其討厭八股，然而不知天地間除了八股以外，還有所謂學問！

他說：

……余自先世數百年，棲於山谷。族之伯叔兄弟，且耕且讀，不問世事，如桃源中人。余生九年，乃始遊他縣。生十七年，乃始遊他省。猶了了然無大志，夢夢然不知有天下事！余蓋完全無缺，不帶雜質之鄉人也。……（《夏威夷遊記》）

中了秀才以後怎麼辦呢？

……十三歲始知有段、王訓詁之學，大好之……時肄業於省會之學海堂，堂為嘉慶間阮元所立，以訓詁、詞章課粵人者也。至是乃決然捨帖括（即八股）以從事於此。然不知天地間於訓詁、詞章之外，更有所謂學問也。……（《三十自述》）

那時全國所通行的口號，連「灶下老婢」都知道的，叫作「窮秀才，富舉人！」「一舉成名天下聞！」中了舉人，那還了得！而梁啟超十七歲就中了舉人。主考官為貴陽李端棻，酷愛這位青年新貴，卻認為「國士無雙」，打破社會地位的懸殊，就把他的妹妹許配給梁氏，並且就攜挈著同赴北京去殿試。這回可下了第。好得很哩，如果梁啟超十八歲就點了翰林的話，那麼轟轟烈烈戊戌變法的主角，沒有梁啟超其人了。而梁氏如不經過十四年亡命生涯，那麼這期間可泣可歌的雄文，也不會流傳於天地間了。

下第歸上海，購得《瀛寰志略》，才知道全球五大洲的形勢及世界萬國的部位大小，原來如此。於是索性把江南製造局所譯的新書，大部是天、算、醫、工、理、化等著作，不管懂不懂，都挪來硬讀一頓，雖然不能消化，可是新生命和新血液，就此開始灌注人梁氏的體中了。

## 第八節　康梁會接

這裡我們要敘說到梁氏的老師——決定梁氏半生命運的老師兼黨魁，一位過渡時代必須犧牲的失敗怪傑——康有為的故事了。

## 二十八、康有為氏的速寫

那綽號叫作「聖人為」或「康聖人」的怪傑，他是廣東南海縣人。出身於理學名門的宦族。原名祖詒，字廣夏，號長素。少時受業於名儒朱九江先生甚久——這位朱次琦是調和理學上的程朱、陸王兩派而不講考據的學者，康學終生以此為基礎。但康是一位野心蓬勃、開展前進、活潑飛躍的人，而港粵又是西洋文明的精華及渣滓雜湊之地。康的前進欲與求知欲，大大感覺不夠。於是一人獨居在西樵山上四年，把那時譯出來的西洋學說，「皆初級普通學，及工藝、兵法、醫學之書，及耶穌經典」等一頓亂讀，又亂讀一頓佛經，亂翻一頓九通，便自以為「學貫天人」，思通六教，包羅古今中外，新舊博通，「內聖外王」的蓋世奇才、通人、大儒了。其實，以他的這樣毫無科學訓練的腦筋，毫無基本科學的常識，一人在山，把西洋科學、印度佛學、中國經史理學，亂讀雜翻胡思玄想，忽然自以為「恍然大悟」，說出來那真是「妙不可言」！他不知道這不過是「知識欲的衝動」，而絕不是「求學問的正確軌道」。然而因其鶴立於一般「冬烘秀才」、「腐朽大老」之上，致養成他「予智自聖」的誇大狂態度，不肯隨時代而進步，到底被時代所遺棄而消殺！哀哉！那時候康氏才二十八歲。

這大膽勇猛的「聖人為」，「自光緒十五年（一八八九），即以一諸生伏闕上書極陳時局，請及時變法以圖自強。……甲午敗後，又聯合公車千餘人，上書申前議。……自此以後，四年之間，凡七上書。其不達也如故，其頻上也如故。舉國流俗非笑之、唾罵之，……先生若為不聞也者。」（《南海康先生傳》）他的熱誠與膽氣，倒真可佩服。

## 二十九、萬木草堂的內容

康氏就在這上書不達的時候，在廣州長興里萬木草堂，開門講學。這頗著一時盛名的長興學舍，雖然仍是以前「書院」的形式，而智德體三育並重和課程的分設，頗有後來文法科大學的規模。他自任「總教授」、「總監督」。另設「博文科學長」，類似教務長。「約禮科學長」，類似訓導長。「干城科學長」，類似軍訓及體育主任。「書器科監督」，類似圖書館長。他們的課本是：宋元明儒學案、二十四史、《文獻通考》等，「凡學生，人置一札記簿，每日各自記其內學、外學；及讀書所心得，時事所見及，以自課。每朔則繳呈之，先生（康）為之批評焉。」（《南海康先生傳》）

## 三十、長興學舍的教育大綱表

茲記錄當時長興學舍的教育大綱，造一學表如下：

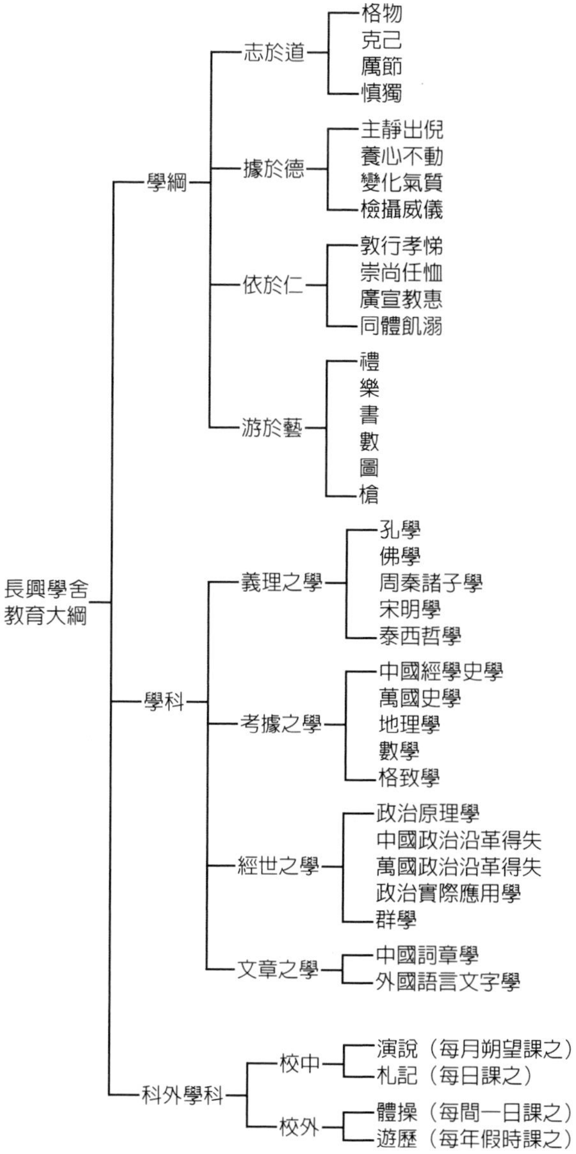


梁氏因陳千秋（通甫）、曹丁泰（著偉）二志士的介紹，脫離了陳腐過時的學海堂而轉學入這新鮮自由的長興學舍，且驚且喜，就在這樣的「學風」與「學科」之下，受深刻薰染者四年。

## 第九節　梁氏獨立事業的開始

### 三十一、中國新青年的群英會——湖南新政開幕

四年以後，光緒二十三年（一八九七），湖南巡撫陳寶箴、按察使黃遵憲、提學使徐仁鑄、前使江標，厲行新政。輔助他的，有那時號稱「四公子」之二：陳三立、譚嗣同，和在籍名流熊希齡等。為培養新人才起見，特創辦時務學堂，聘梁啟超、譚嗣同、唐才常三人總主學務，梁氏又為領袖。所有一切的學綱、學課、學風，都是脫胎於長興學舍而來，稍微加以變化罷了。

### 三十二、長沙時務學堂的內容及其貢獻

何以證之？梁氏記〈南海先生長興學記〉，演其始教之言，說：

（一）立志；（二）養心；（三）讀書；（四）窮理；（五）經世；（六）傳教；（七）學文；（八）衛生。（〈萬木草堂小學學記〉）

而他在四年以後主辦長沙時務學堂時，所公佈的學約也說：

……一曰立志。……二曰養心。……三曰治身。……四曰讀書。……五曰窮理。……六曰學文。……七曰樂群。……八曰攝生。……九曰經世。……十曰傳教。……

……凡學者每人設札記一冊，分「專精」、「涉獵」二門。每日必就所讀之書，登新義數則。其有疑義，則書而納之「待問匭」以待條答焉。其詳細功課，別著之學校報中。……每剛日，由教習隨舉西書格致淺理，或目前事理數條以問之，使精思以對。……每柔日，由教習隨舉各報所記近事一二條，問諸生以辦法，使各抒所見（皆以筆談）。……每月以數日為同學會講之期，諸生各出其札記冊，在堂互觀。或有所問，而互相批答。上下議論，各出心得，其益無窮，凡會講以教習監之。……（〈湖南時務學堂學約〉）

……時務學堂……國中學校之嚆矢。……學科視今日殊簡陋，除上堂講授外，最主要者為令諸生作札記，師長則批答而指導之。發還札記時，師生相與坐論。時吾儕方醉心民權革命論，日夕以此相鼓吹。札記及批語中，蓋屢宣其微言。湘中一二老宿，睹而大嘩！群起掎之。新舊之哄，起於湘而波動於京師。御史某（按：即楊崇伊）刺錄札記全稿中觸犯清廷忌諱者百餘條，進呈嚴劾；戊戌黨禍之構成，此實一重要原因也。……（〈時務學堂札記殘卷序〉）

在這樣一種不拘形式，而朝氣蓬勃、精神充沛、樂趣的、進取的學風之下，自然能夠造就出非常奇偉的人才來。當初時務學堂第一班的學生只有四十人，而五分之二都成了革命先烈，或開國名人。庚子漢口革命之役，教習唐才常率領學生林圭、李炳寰、田邦璿、蔡鐘浩、傅慈祥等二十餘學生，受著孫、梁共同的指揮，聯合會黨舉義兵不成，踏著「戊戌六君子」的碧血，而碎首成仁於國賊張之洞之手。以上六人，就是所謂「庚子六君子」！時務學堂第一班的學生已去了一半。那時四十門徒中，最小的一位蔡艮寅，只有十六歲，大家都很愛他，他便是我中華民國建國偉人中的一位、民四護國之役的元勳——蔡鍔將軍。門徒中最窮苦的，要推范源濂，他在開國時期，終身致力於教育事業；他在中國教育界、一般文化界及生物學界建設的成績是決然不朽的。此外軍事學專家蔣方震（百里），也是那時四十門徒之一。其餘也不必枚舉。總之，這樣一種「設備不具」的學堂，竟培養了如此偉大、品質俱優的傑出人才，真是收穫了「樂育英才」最大的成功。

我們試把其餘通都大邑或租界上所矗立著的「洋樓官學堂」，挪來做一個對照。以「樣子」論，他們是巍峨驕挺。以內容論，他們是：

……各省紛紛設學堂矣。而學堂之總辦、提調，大率皆最工於鑽營奔競，能仰承長吏鼻息之「候補人員」也。學堂之教員，大率皆「八股名家」，弋竊甲第，武斷鄉曲之巨紳也。其學生之往就學也，亦不過曰「此時世妝耳！此終南捷徑耳！與其從事於閉房退院之詩云、子曰，何如從事於當時得令之ＡＢＣＤ」。考選入校，則張紅燃爆，以示寵榮。資派遊學，則苞苴請託，以求中選。若此者，皆今日教育事業開宗明義第一章，而將來為一國教育之源泉者也。試問循此以往，其所養成之人物……可以立於今日民族主義競爭之潮渦乎？……（《新民說・論進步》）

無怪乎嚴復、周樹人（魯迅）等，都要逃出海軍學堂，章士釗、穆湘瑤、胡敦復等，都要逃出陸師學堂，此中癥結，你就可以恍然大悟了。

## 三十三、啓發新智的第二步驟——創學會

以上是敘述梁氏青年時代承康氏作風，所推行維新實際方法之第一步驟——辦學校。辦學校，是專以培植繼起的少年子弟，是儲才以留待將來之用的。如果要急切改進一般成人的智識的頭腦，啟發目前蒙昧無知的社會，那麼當另求方法。康、梁所應用的第二步驟是創學會。

會社，倒是中國固有的、明末士大夫組織的復社、幾社、應社、讀村社，以及其他的××文會、××文社等，真像叢林一樣地矗立著，但都被滿清入關後用「殺頭的壓道機」壓平了。

到康有為乃重新感覺得：

……凡講學莫要於合群。蓋以得智識交換之功，而養團體親愛之習。自近世嚴禁結社，而士

氣大衰。國之日孱，病源在此！故務欲破此錮習，所至提倡創學會。雖屢遇反對，而務必達其目的然後已。……（《南海康先生傳》）

李劍農的《中國近百年政治史》上，也簡要地敘述：

……康氏宣傳主義的方法，首先就是創立學會。……他在廣西講學的時候，曾經創立一個桂學會。丙申年在北京，遇到文廷式等一班名士，組織強學會；他就抓住這個強學會，推張之洞做會長。袁世凱也是強學會的贊成人。又設分會於上海。北京的強學會，並附設強學書局。……御史楊崇伊受人嗾使，說強學會的宗旨不正當，隨即奏請把它封禁了。……後由御史胡孚辰奏請就強學書局改設官書局，李端棻又奏請推廣學校，將官書局推廣改為京師大學，就是北京大學的前身。……（《中國近百年政治史》第四章第三節）

強學會的後果，巨大難量，雖為朝廷所封禁，卻正抬高它的身價。

……然自是學會之風遍天下，一年之間，設會百數！學者不復以此為大戒矣。……（《南海康先生傳》）

梁氏所記，與李氏稍異，他說：

……（乙未）七月，京師強學會開，發起之者，為南海先生，贊之者為陳熾、沈曾植、張孝謙、袁世凱等。余被委為會中書記員。不三月，為言官所劾，會封禁。……（〈三十自述〉）

這是可以補正李氏的《中國近百年政治史》的。強學會封禁了！可是，不久（一八九七年丙申）德國強奪膠州灣的巨波又壓過來了！全國的文人士大夫，又沸騰起來，「保國！保國！」這樣地赤手空拳，高聲大喊。康有為緊緊抓住這時機，在京師號召創立保國會。這誰都不便再說「宗旨不正當」的鬼話了吧？於是康氏就把保國會的組織，儘量推廣到各地方行省去：

……先是，膠警初報，事變綦急。南海先生以為振勵士氣，乃「保國」之基礎。……欲令各省志士各為學會，以相講求，則聲氣易通，講求易熟。……於京師先倡粵學會、蜀學會、閩學會、浙學會、陝學會等，而楊君銳實為蜀學會之領袖。君（林旭）遍謁鄉先達鼓之，一日而成以（戊戌）正月初十日開大會於福建會館，閩中士大夫皆集，而君實為閩學會之領袖焉，及開保國會，君為會中倡始董事，提倡最力。……（〈林旭傳〉）

## 三十四、長沙南學會概述

正在這同一時間之內，陳寶箴、黃遵憲、徐仁鑄在湖南推行新政；梁啟超、譚嗣同、唐才常在長沙講授新學；江標、陳三立、熊希齡等在夾輔維新。這一班人收到北京如此緊張的電報，哪有不立刻響應之理！於是湖南的南學會大放光彩地成立起來了。譚嗣同被推為南學會的會長，有聲有色地慷慨論天下事：

……君（譚氏）……獨留長沙，與群志士辦新政。……而以南學會最為盛業。設會之意，將合南部諸省志士，聯為一起；相與講愛國之理，求救亡之法；而先從湖南一省辦起，蓋實兼學會與地方議會之規模焉。地方有事，公議而行，此「議會」之意也。每七日大集眾而講學，演說萬國大勢及政學原理，此「學會」之意也。於時君實為學會長，任演說之事。每會，集者千數百人；君慷慨論天下事，聞者無不感動。故湖南全省風氣大開，君之功居多。……（〈譚嗣同傳〉）

看了上面的敘述，知道這南學會的作用，確係比眾不同。它的本身的意義，是「推行地方自治機構」及「政治學會」。而就這「地方」的區域性質而言，那又不叫湘學會而叫南學會。目的在「合南部諸省」，不過「先從湖南辦起」。如果真能容許它辦到「地方有事，公議而行」八字，那麼它兼有「立法權」與「監督權」，充其量「南部諸省」早不是清廷所有了。可是，天下事絕沒有如此簡單順利的，不上半年，反動的舊力，如冷酷無情的北風怒吼南奔，這些燦爛微弱的曇花，一霎兒煙消雲散了。

## 三十五、明、暗二力的閃電戰

戊戌（一八九八）八月變法的失敗，中國以前所有一切的微光與微溫、種子與幼芽，都沉埋在冰河深淵中了。只剩幾頭「寒冰地獄的鬼王」——那拉后、榮祿之流——凍血淋漓，在刀山上嚼中華青年的嫩骨！舉頭一望，但見一面是無數赤身裸體，遮著紅肚兜・畫著八卦，挪著混天大旗、引魂幡、雷火扇、陰陽瓶、九連環、如意鉤、火牌、飛劍、三尖鋼叉、八寶法物的怪東西，蠕蠕而動，到處找洋人來殺。這就叫作「義和團」。一面是無數怒髮衝冠、悲憤填膺的青年，懷著炸彈、手槍，甚至可以說是提著自己的頭顱，踏著前人的血跡，前仆後繼地起義，這就叫作「革命黨」。除了這二種實際行動的人物以外，赤手空拳「康梁式」的維新志士，在國內已無活動的餘地，只有亡命到海外去慷慨論天下事了。

以後所有的學會，都秘密含有革命的使命，與前期的學會，性質根本不同。公車上書式的最後一次集會，是庚子年上海張園所召開的國會，算是前期式學會的一個結束。

當唐才常在上海組織正氣會時，拳亂方始萌芽。未幾，改為自立會，謀在長江一帶起事。及至六月拳亂大作，北方名士如嚴復等，也避地南下至上海，唐才常便假保國救時的名義，運動在滬各省的維新志士，開令於張園，名之曰「國會」。到會的名流，有容閎、嚴復、章炳麟、宋恕、吳葆初、張通典、狄保元、馬相伯、戢元丞、文廷式、沈藎、龍澤厚等，共約數百人。推容閎為會長，嚴復為副會長，唐才常為總幹事。開會的時候，章炳麟當眾把辮髮剪去，表示對於滿清決絕，頗聳動一般人耳目。其實這個會，參與分子很複雜……大多數會員，不過震於「國會」、「民權」等新說，乘興來會罷了。……（《中國近百年政治史》六章二節）

此後集會的中心，全中國都移在上海租界上了。而會中的主角，大抵都受有中山先生的感召，帶有革命思想的了。譬如（1）戢元丞、秦力山等創設新社；（2）章炳麟、蔡元培、黃宗仰等創立中國教育會；（3）吳敬恒、蔡元培等創立愛國學社；（4）陳去病、劉光漢（師培）等創立南社；（5）鈕永建等創立軍國民教育會；（6）章炳麟、徐錫麟等創立光復會；（7）黃興、宋教仁、楊篤生等創立華興會。那都是朝宗歸海於中山先生的興中會的。

三十六、推行維新的第三步驟——辦報紙

康、梁因戊戌的打擊，在國內所經營創辦的學校與學會，既掃地無餘，那麼他們第三個步驟是什麼呢？是辦報。

報，本來是中國流行最早的歷代的「邸抄」，就是政府公報。至於現代新式報紙，是濫觴於鴉片戰爭以後若干年，香港及上海僑居外人所辦之報紙。康有為已經明白知道：學校、學會、報紙，是三位一體、互相為用、缺一不可的。所以當在北京辦強學會時，特派梁氏辦報，那時所辦的報，艱苦卓絕得可敬，而簡陋幼稚得可笑。

……甲午喪師以後，國人敵愾心頗盛，而苦懵於世界大勢。乙未夏秋間，諸先輩乃發起一強學會，今大總統袁公，即當時發起之一人也。彼時同人……最初著手之事業，則欲辦圖書館與報館。袁公首捐金五百，加以各處募集，得千餘金，遂在後孫公園設立會所，向上海購得譯書數十種，而以辦報事委諸鄙人（梁氏）。當時固無自購機器之力，且都中亦從不聞有此物，乃向售《京報》處托用粗木版雕印，日出一張，名曰《中外公報》。只有論說一篇，別無記事。鄙人則日日執筆為一數百字之短文……當時安敢望有人購閱者，乃托售《京報》人隨「宮門鈔」分送諸官宅，酬以薪金，乃肯代送。辦理月餘，居然每日發出三千張內外。然謠諑蜂起，送至各家者，輒怒以目。馴至送報人懼禍，及懸重賞亦不肯代送矣。其年十一月，強學會遂被封禁。……（〈鄙人對於言論界之過去及將來〉）

這一事，是梁氏平生新聞事業開始的第一章，也是近代中國有正式意義的新聞開始的第一頁。梁先生晚年還親自對其昌說：「當時雖在極端艱難困苦之中，而興趣極高。有時木版雕刻來不及印，甚至間用泥版凹文代印的，其可笑到如此，而同人等對之皆津津有至味。對於這報紙熱烈幫助的，還有你們浙人張菊生（元濟）、汪伯唐（大燮）、孫慕韓（寶琦）三公。」事隔三十年，梁先生對我講述這段故事，還是眉飛色舞。因為那時的梁氏老早已經明白「學校的對象，是培植青年後起人才。學會的對象，是聯絡成年智識階級。報紙的對象，是啟發社會一般民眾」的原理了。所以京師的強學會及《中外公報》，被封禁了，但這是初湧之潮，豈是人力所能遏制的！他們就轉其帆以向上海。

## 三十七、《強學報》與《時務報》

上海的強學會分會的情形，是怎麼樣的呢？初時由會中發行一種《強學報》，經濟的支持是靠張之洞的。後來因為這《強學報》上常常不用「大清光緒……」紀年，而用「孔子降生……」紀年；這雖然可以說是模仿公曆之以耶穌降生為紀年，但是把這位張大帥駭慌了！不得不勒令禁止。這班維新志士，哪裡肯休；剛剛碰到梁啟超轉帆南下，就緊握機會，由黃遵憲、汪康年、梁啟超、麥孟華、徐勤等名義發起，重組《時務報》，公推梁氏任總主筆。梁氏得以自由發揮其文豪的天才，也就在此報。於是聲名隆起，甚至並駕其師，而曰「康梁」，也就在此時。更有一件趣事，梁氏的晚年學友——國際史學權威者王國維，此時正在《時務報》館中當一名小書記，還沒有資格和梁氏對面談話呢！

梁氏說：

（丙申）二月南下，得數同志之助，乃設《時務報》於上海，其經費則張文襄（之洞）與有力焉。而數月後，文襄以報中多言民權，干涉甚烈。其時鄙人之與文襄，殆如雇傭者與資本家之關係。少年氣盛，衝突愈積愈甚。……（〈鄙人對於言論界之過去及將來〉）

明年（一八九七）冬天，梁氏反抗資本家張之洞之壓迫，便飄然遠行，溯江而西，到長沙去大會群賢，轟轟烈烈地推行新政了。

又隔一年，便是戊戌（一八九八），梁氏重到北京，暫時脫離言論文筆生涯，參與實際政治運動，而演出一幕中國歷史上劃時代的、血跡永不磨滅的悲劇，就是人人所周知的所謂百日維新了。

# 第三章 維新的失敗與革命的成功

## ——自戊戌變法至梁氏亡命

### 第十節 促成戊戌變法的原因

三十八、綜述

今先簡要闡述戊戌變法的原因。原因甚不簡單，為提綱挈領起見，可先分為外激的、內根的兩大類：

（甲）關於外激的原因，又可分為遠因、近因兩大組。

（乙）關於內根的原因，亦可分為遠因、近因兩大組。茲分別備述之。

## 三十九、外激的遠因

（A）關於外激的遠因，又可分下列四項述之：

（1）由於中國之閉關政策

康熙時代，那時西方的文藝復興，科學發達，都還不久。康熙帝極為提倡歐洲文化，親自學習拉丁文及代數，大量歡迎明末以來挾其科學而來華傳教的、智德俱高的教士，一時中國吸收西洋文明，呈蓬勃之概，至少不在彼得時代的俄國之下。使能繼續遵循此軌道，則中國之科學化、工業化，要提早三百多年！中國的國際地位和文化地位，後來絕不致墮入地獄的底層！不幸，簸弄中國命運者——雍正，因為他私人皇位的暗爭，無端牽涉到宗教團體的暗爭。他恨一班西洋教士，幫助他「文明而又仁慈」的政敵哥哥，接位之後，把西洋的文化人，全數驅逐出國！兩扇大門一閂。從此以後，中華全國成了隔絕世界的孤島，全體民族成了伏居土穴的老鼬鼠！世界天天在飛躍地進步，而滿清宰制下的中國，夜郎自大，崇炫自己的文化，在那裡閉著眼睛自吹自尊！譬如戴東原，這樣自驕自誇的學者，竟說：「中國古代的算術，高出於西算！」對於西洋一切一切的進步與發明，懵然絲毫都不知道。郭嵩燾說了一句「現在的夷狄也有數千年文明」的話，京師的士大夫憤怒得發了狂！一八九七年（丁酉），義大利學者馬可尼（Marconi）氏，已經發明無線電了；而在中國，也居然自稱「學者」的葉德輝，正在同時大講「五行之位首東南」，「五色黃屬土，土居中央；中國人是黃種，天地開闢之初，隱與中位」等童話——長鬍鬚老頭兒所說的無恥又無味的童話。如果長此閉關下去，再昏昏顛顛地睡一千年，那麼又當別論，可是這緊閉的大門，給英國「海盜型」的鴉片商，用炮艦來轟得七穿八洞！逼迫你允許臥榻之旁最肥美的所在，不客氣地由他們興家立業起來。辱國喪權的憤慨以外，單就這二百年來文化的飛躍與落伍，雙方覿面的對照，美醜之別，不是盲人，都要感覺到無比的自愧與難堪，尤其是南方各省為甚。不過這批八股文人，智識太低，自私太重，素無國家民族的觀念，合群參政的習慣（這是要殺頭的），從沒有偉大不怕死的民眾領袖，為之代言、宣發、組織、領導，來實地行動罷了。那時忍著難堪之恥，稍有血性的文人，正苦於群龍無首之時，康、梁、譚等恰恰適合那時「文人階級」中大膽不怕死的領袖。所以康有為某一次在楊椒山先生故宅松筠庵集合青年上書時，聯名者約二千人。戊戌變法，可以說是閉關以後，中國文化突然落伍，受刺激的優秀民族，必然奮起的鬥爭。

（2）鑒於俄皇大彼得西化富強的歆羡

康氏第五次上書中，已經明白地臚陳三策。

上策——第一策，是：

取法於俄、日二國，以定國是……

在大彼得以前不久，蒙古人奴役下的俄國，那時還是獉狂未開化的民族。大彼得正與康熙同時的，因他的不顧一切，實行歐化，居然二百年以後，躋於世界列強之林。蠶食中國的藩土——

整個中亞細亞及西伯利亞，而反使中國仰之為文明上邦。這當然是刺激中國變法維新的一個有力的因素。

（3）由於列強之集中環攻

自從普法戰爭以後，歐洲保持四十年的武裝和平。雖然他們的帝國主義，一天高漲一天；但是他們全部「貪欲的觸鬚」，一齊伸展到遠東的老大中國來，這是他們一致認為肥美而又豐饒的一塊神秘大地。

……歐洲人之言曰：支那者，世界之天府也。世界之天府，當與世界共之，非一種人之所得私也（此歐人瓜分主義）。亞洲人之言曰：支那者，亞洲之中堅也。亞洲之境壤，當亞洲自治之，非他種人之所得攘也（此日本獨吞主義）。（〈論日本東方政策〉）

而日本有浮田和民者，著《日本帝國主義》一書，公然大聲提倡日本獨吞中國，他說：

……日本者，世界後起之秀，而東方先進之雄也。近者帝國主義之聲，洋溢於國中；自政府大臣、政黨論客、學校教師、報館筆員，乃至新學小生、市井販賈，莫不口其名而豔羨之，講其法而實行之。試問今日茫茫世界，何處有可容日本人行其帝國主義之餘地？非行之於中國而誰行之？……

這十九世紀的後半期，如七八猛獸，環伺一牛。戊戌變法，是這潛力尚大的牛救亡圖存的一吼。

（4）船堅炮利政策之失敗

遠在鴉片戰爭結束時，魏源已經深深感到外力壓迫之可畏，所以他作《海國圖志序》：「是書何以作？曰：為師夷之長技以制夷而作。」在洪、楊之戰時，就有一件重要而也有趣的故事：

> 有合肥人劉姓，嘗在胡文忠公（林翼）麾下為戈什哈。……嘗言：楚軍之圍安慶也，文忠曾往視師，策馬登龍山，瞻盼形勢，喜曰：「此處俯視安慶，如在釜底，賊雖強，不足憂也。」既復馳至江濱，忽見二洋船鼓輪西上，迅如奔馬，疾如飄風。文忠變色不語，勒馬回營，中途嘔血，幾至墜馬。文忠前已得疾，自是益篤，不數月，薨於軍中。蓋粵賊之必滅，文忠已有成算。及見洋人之勢萬熾，則膏肓之症，著手為難，雖欲不憂而不可得矣。閻丹初（敬銘）尚書，向在文忠幕府，每與文忠論及洋務，文忠輒　手閉目，神色不怡者久之，曰「此非吾輩所能知也」。……（薛福成：《庸盦筆記》蓋臣憂國條。按：後來閻敬銘供給創辦海軍費，最為熱心，殆即根此。）

稍後李鴻章借戈登大炮之力，平定江南。他致書於曾國藩說：

西洋炸炮，重者數萬數千斤，輕者數百數十斤。戰守攻具，天下無敵。……俄羅斯、日本，從前不知炮法國日以弱。自其國之君臣卑禮下人，求得英、法秘巧，槍炮輪船，漸能製用，遂與英、法相為雄長。中土若於此加意，百年之後，長可自立。

這西洋船堅炮利的實力，是為胡林翼、李鴻章等一班中興元勳所親自嘗到滋味的了。於是急起做「皮毛」的模仿，譬如同治四年，曾國藩、李鴻章設江南機器製造局於上海。五年，左宗棠設馬尾輪船制造局於福州。九年，曾、李又設北洋機器製造局於天津等，李鴻章的大腦中，自然充滿著「中國文物制度，迥異外洋獉狉之俗」！（《李文忠公奏議》）所以只要：

……中國但有開花大炮、輪船兩樣，西人即可斂手！（〈與曾文正公書〉）

白晝在那裡做這樣黃粱大夢，你們不要笑痛肚子。這一種皮毛維新適足更養成驕誇、懶惰、空虛的弊病。所以梁氏嚴格地批評李鴻章所行的新政，說他：

……知有兵事而不知有民政，知有外交而不知有內務，知有清廷而不知有國民，知有洋務而

不知有國務。……（《李鴻章傳》）

在這樣的政治惡習下辦出來的船哪裡會堅，炮哪裡會利！炮彈裡面所裝的是什麼東西，李鴻章自然是不會知道的。可是，在同時模仿新法的日本，有一個嚴酷無情的對照。

駐英國公使郭嵩燾報告說：

……日本在英國學習技藝者二百餘人，各海口皆有之，而在倫敦者十九人。嵩燾所見有二十人皆能英語。有名長岡良芝助者，故諸侯也，自治一國，今降為世爵，亦在此學習法律。其戶部尚書恩屢葉歐摩，至奉使講求經制出入，謀盡仿行之。……而學兵法者絕少。蓋兵者末也。各種創制，皆立國之本也。……（《郭筠仙集・上李中堂書》）

不錯，中國些微有一點遠見的士大夫都看透了那些枝枝節節的「船炮政策」絕對無用；而想從「立國之本」的「各種創制」上，來一番徹底的改革與維新。這就是醞釀十餘年的維新思想，造成戊戌變法的原動力所由來。

## 四十、外激的近因

（B）關於外激的近因，又可分下列四項述之：

（1）由於日本維新成功的鼓勵

此項不煩詳述。

（2）由於甲午戰敗國恥的教訓

以自稱「……堯、舜、禹、湯、文、武、周公、孔子的子孫文明神胄的堂堂中華」大國，而戰敗於邊僻海島的「蝦夷」，這臉在地球上真是丟得又醜又苦！全國上下「五分鐘熱度」的血液，確曾一度沸騰。尤其身居九五的少年皇清——清德宗，真和明末的崇禎皇帝一樣，手忙腳亂，亂找宰相找到日本去了。日本變法維新、轉弱為強、打敗中華、吞併朝鮮的元功首相是伊藤博文。戊戌的前一年，伊藤博文適個人來華遊歷，中國的可憐士大夫不管三七二十一，譁然主張硬留伊藤博文做中國宰相。竟有這樣的笑話，而居然掀動皇帝！

《清季外交史料》云：

> 光緒二十三年秋，伊藤來華時，一般士大夫……多主借才變法。宗人府主事陳懋鼎奏請召見伊藤。

其奏曰：

> ……應請皇上於伊藤甫來之時，即明降諭旨……令其預備召見。……皇上於其覲見時，宣中

日和睦之誼，詢彼國變革之序，於內政、外交，兩有裨益。……（卷一百三十四頁十九）

貴州舉人傅夔，索性奏請留伊藤為相，以行新政。其奏曰：

奏為維新事重，執政無人，請破除成見，留相伊藤，以聯日本，而行新政。……臣何以謂今日中國借助變法，莫如伊藤為宜也？日本，同洲之國，本與我同文。伊藤又日本中興之名臣，而首贊維新之治。一切制度憲法，皆其手訂。……亡羊補牢，猶未為晚。可否……懇祈留相伊藤，借助變法，以行新政；並請預訂年限，以操「用舍在我」之權，出自聖裁。國家幸甚！天下幸甚！（《軍機處檔案》）

當時那班白面文人的哀哀無告、惶惶求援的愁苦心理，以及環顧全國的茫茫無才、渺渺無望、束手待斃的窘態，真是由這一點上流露得深刻、活躍。上述二奏乃是病急亂投醫、白晝做大夢的囈語：然而光緒皇帝居然召見：

當伊藤一行覲見光緒帝於勤政殿，伊藤奏曰：「外臣博文。此次來到貴國，係為漫遊。本日蒙陛下召見，殊為光榮。恭維陛下改良舊法，力圖富強，此於保全東亞局面上實有重要之關係。……」光緒帝說：「貴國維新以來之政治，為各國所稱揚；貴爵對於祖國之功業，實無人不佩服。」伊藤答：「過蒙獎諭，萬不敢當。臣不過仰禮我天皇陛下之聖謨，聊盡臣子之職分耳。」光緒帝說：「貴我兩國，地勢上同在一洲之內，最親最近。目今我國改革，迫於必要。朕願聞貴爵披瀝其意見，請貴爵將改革順序方法，詳細告知總理衙門王大臣，予以指導。」伊藤答：「敬奉諭旨。王大臣如有諮詢，臣依實際所見，苟有利於貴國者，必誠心具陳。」……（平塚篤：《續伊藤博文秘祿》頁一二六至一二九）

這一幕有歷史性價值的喜劇，足以證明光緒帝對於變法維新的意志如何的急迫，而尋求人才之失望又如何的悽惶。好了，隔了半年之後，有了全國文人的領袖——六度上書、名震中外的康有為，又有梁啟超、譚嗣同、楊深秀等一班得力的幹部。徐致靖推薦了，張蔭桓推薦了，師傅翁同龢又說「其才勝臣十倍」了。這還不是中國的伊藤博文嗎？梁、譚、楊等一班羽翼，這還不是中國的岩倉、大久保、木戶之流嗎？何必與虎謀皮，借才於四年前的國仇呢？所以光緒帝得著康、梁、譚等，真是如獲至寶！縱然康氏所上的書內有「求為長安布衣而不可得！」及「不忍見煤山前事！」等大逆不道之言，帝仍一笑置之。說「康某何不顧生死乃爾，竟敢以此言陳於朕前」，反而更加器重。所以戊戌變法，可稱為甲午戰敗後的教訓所促成必然的結果。

（3）由於瓜分慘禍的迫切

光緒二十三四年（即丁酉、戊戌），全世界瓜分中國的陰謀與計畫，已達於最高潮了。俄國在東三省的軍隊，無論如何不撤。「德帝張其貪欲的餓眼」，向遠東找殖民地不得而焦躁。恰好一八九七（丁酉）年，山東膠州殺了兩個德國傳教士，德帝就把它做成驚天動地的文章，因而奠定了歐、日各國瓜分中國的局面。蔣介石著《中國之命運》，對於戊戌一年瓜分的實情與危機，有簡要詳明的敘述：

（甲）英國

在甲午之前，列強已有在中國領土上劃分勢力範圍的先例。英國於割取香港之後，於道光二十六年（一八四六）中英退回《舟山條約》，即明定清廷「不以舟山等島給與他國」的字句。光緒二十年（一八九四）中英《滇緬界務及商務專約》，亦明定清廷「不將孟連與江洪之全地或片土讓與別國」。甲午之後，光緒二十四年中英《威海衛租借條約》劃威海衛為英國租界地，《九龍租界條約》劃九龍為英國租借地（按：租借期均九十九年。九龍問題至今未解決）。光緒二十五年，英俄相約：劃長江流域為英國建築鐵路範圍，這時候英商福公司又取得山西、河南兩省的採礦權。

（乙）法國

法國佔據越南之後，於光緒二十三年又取得清廷「海南島不割讓與他國」的保證。光緒二十四年又取得「廣東、廣西、雲南三省不割讓與他國」的保證。在這個時候，他先後取得延長龍州鐵路，建築滇越鐵路及開採兩廣、雲南礦山之權。光緒二十五年，他又與清廷訂立《廣州灣租借條約》，劃廣州灣為其租借地（期限也是九十九年——其昌注）。

(丙)德國

於光緒二十四年，與清廷訂立《膠澳條約》，劃膠州灣為德國租借地（期限也是九十九年。這是開全世界破天荒的先例！——其昌注），並允德國建築膠濟鐵路及開採鐵路沿線三十里以內礦產。

(丁)帝俄

帝俄於光緒二十二年，與清廷訂立華俄道勝銀行合同與東三省鐵路合同，劃東三省為其勢力範圍。復於光緒二十四年租借旅順、大連灣（這是抵制德國勢力的擴張而急起直追的，所以也效顰期限為九十九年！——其昌注），並以續約取得旅、大一帶鐵路礦山工商各特權。光緒二十五年，英俄兩國相約：劃分長城以北，為帝俄建築鐵路範圍。

(戊)日本

日寇於佔領我澎湖、臺灣以後，於光緒二十四年，取得清廷「不割讓福建省及其沿海一帶與他國」的保證。……（《中國之命運》第二章頁三一至三二）

蔣介石於是在總結中，嚴肅地告誡全國：

列強劃分中國各地為他們的勢力範圍，亦就是做瓜分中國的準備！瓜分的慘劇，雖未實現，而路礦、工商等權，已經被列強分割淨盡！（同上書頁三二）

瓜分的實禍迫在眉睫，所以在戊戌（一八九八）的春天，康氏的活動中心保國會，連張之洞、袁世凱諸人，都願意做發起人或會長。兩個月以後，在野的怪傑康有為，已一變而為帝皇心腹，最有權力的無冕宰相了。

（4）鑒於土耳其不變法而衰弱的覆轍

當時連蕞爾的藩屬小國如暹羅也努力奮起，變法圖強。獨有近東的土耳其，遠東的大清，兩個老大病夫，在奄奄一息的狀態下，忍受著做世界列強分割肢體的「解剖對象」！這算是懸在中國對面一方鏡子。康有為所進呈的——《突厥（土耳其）衰亡史》、《波蘭滅亡記》等歷史，聽說光緒帝讀之，有時至於淚下的。變法的決心，乃愈益堅定而迅速。

## 四十一、內根的遠因

（B）關於內根的遠因，又可分下列四項述之：

（1）由於乾、嘉以來養成政治上傳統惡習的潰決

清朝中葉以後，政治、社會各方面不可收拾的腐狀，已敘述於第一章，此不復及。至於政治上的惡習，也由於清初對於漢官吏壓制逼迫得過甚所致，一件政治如果發生毛病，漢官吏只要參與絲毫意見，就得負連帶責任，革職、查抄家產、謫戍、斬決、妻子發功臣家為奴！連珠似的天威下來了。久之，養成漢官吏發明二項求生存的秘訣：一是不負責，二是蒙蔽掩飾。一位終身平穩的宰相八十歲做壽時，許多門生拜請官運亨通的秘訣，他說這是千金秘方：「多磕頭，少說話，遇事莫出

主意。」果能守此三訣，定可保證由少年時的部郎，升到龍鍾時的宰相而毫無波折。故「不負責」三字，乃清代「官場經」中的天經地義。談到上下蒙蔽的惡習，我先借用龍啟瑞的一封信來看看：

……抑某竊有進者……今之督撫，不肯擔待處分（不負責），又樂以容忍欺飾為事（蒙蔽）。有一二能辦之員，且多方駁飭之，使逆知吾意不敢為。然督撫亦非真以為事之宜如此也，大抵容身固寵，視疆場若無與！苟及吾身幸無事，他日自有執其咎者。又上之則有宰相風示意旨，謂水旱、盜賊，不當以時入告，上煩聖慮！國家經費有常，不許以毫髮細故，輒請動用。……為督撫者……夙昔援引遷擢，不能不借助於宰相；如不諂而後行，則事必不成而有礙，是以受戒莫敢復言。蓋以某所聞皆如是也。……（龍啟瑞：〈上梅伯言書〉）

地方官吏，被中樞逼誘而養成不負責與蒙蔽的惡風如此！中央方面本身如何呢？道光時的首相曹振鏞，曾奏說：

今天下承平，臣工好作危言，指陳闕失，以邀時譽。若遽罪之，則蒙拒諫之名。惟有挾其細故之舛謬者，交部嚴議；則臣下震於聖明，以為察及秋毫，自莫敢或縱。……

這是教皇帝以蛇虺為心、暗箭殺人、以吃熱血青年的陰毒惡計。當然是納用的，繼任的宰相穆彰阿，尤為不堪！以致與穆氏同樣地位的大學士王鼎，欲揭發穆氏的奸狀，乃至先自殺而後尸諫。慘到如此！然而他尸諫的遺疏，還是給穆黨威迫利誘地奪去，換一個不相干的假遺疏，真更慘了！（見薛福成《庸盦筆記》蒲城王文恪公尸諫條）這類惡風，曾國藩名曰「掩飾彌縫，苟且偷安」。這種蒙蔽的結果，不但國泰、王亶望、陳輝祖、郝碩、伍拉納等貪款至數千百萬，皇帝不知；甚至如和珅的貪污贓款至黃金八萬萬兩，抵全國國庫十年的總收入，在未抄以前，也還蒙在鼓裡呢！這偷安的景象，如廣西巡撫鄭祖琛，在洪、楊已起時，還在那裡飲酒賦詩。而兩廣總督葉名琛，在英軍攻破廣州時，正在那裡敲木魚念佛。——粵人名之曰「六不」：謂「不戰！不和！不守！不死！不降！不走！」由於官場而影響及民間社會，於是清末中國社會做人的金科玉律是：「天下本無事，庸人自擾之」，「多一事不如少一事」，「大事化小事，小事化無事」，「吹皺一池春水，干卿底事」，「飯吃三碗，閒事不管」。而「好事之徒」、「生事之輩」，成為詛罵危險分子的代名詞。於是數百年骯髒、蹋趾、齷齪、腐爛，一起積蓄壅滯、醞釀發酵起來，全中國成了一隻腥穢沖天的臭水缸！浸在臭水缸裡的，凡是血液清潔的青年，人人要決破這缸而出。所以世人要「無為」，康氏偏改名為「有為」。世人要做大官，而中山先生偏教人「不要做大官，要做大事」。世人教人「不要生事」，而中山先生偏教人「你去找事做」等例。這都是要把三百年來全中國壅積的腥臭，來一個通氣、決口、洗滌、掃蕩的工作。但工作的方法手段不同：康氏所領導的戊戌變法，乃是一種通氣、決口的部分洗滌工作，所以必然短期內失敗；而中山先生所領導的民族革命、復興中華工作，乃是根本傾覆這臭水缸，大家跳入新的空氣、陽光、水流之中，所以會久遠地成功。

（2）由於窺破滿清控制力減低

滿族初入關時，挾其兵農合一方銳之氣，平流寇，平「忠義的前三藩」——弘光（福王）、隆武（唐王）、永曆（桂王），平「叛逆的後三藩」——吳三桂、耿精忠、尚之信，摧枯拉朽，當之者靡，明人驚為神兵。及至康熙帝，平喀爾喀（外蒙全部），平准噶爾（新疆全部），平衛、藏全部，及乾隆帝「十全武功」以後，那麼全亞洲都驚滿洲八旗兵為神兵了。中葉後的清兵，憑其「神話式的威力」，倒仍可以震懾全亞洲；但若要一按其實際，則紙老虎已經泥水淋漓，不堪一擊了。不必到道光時鴉片戰爭，這紙老虎才土崩泥潰，即在嘉慶時八旗兵腐敗無能的狀況，已經達到驚人的程度。

稻葉君山《清朝全史》記嘉慶初清兵剿川、楚教匪的情況云：

常備軍之腐敗……不但八旗兵已也，綠營腐敗，亦復相同。當交戰時，雇兵、鄉勇為先鋒，漢人之綠旗營次之。其素稱驍勇絕倫之滿洲兵、吉林兵及索倫兵在最後。賊軍亦然，亦驅難民以當鋒鏑，真賊在後觀望。鄉勇與難民交戰，而官兵與賊兵不相值！倘鄉勇傷亡，匿而不報。或稍得勝利，即取以為己功！然與賊會之時甚稀，多不當賊鋒，如某某將軍（按：即永保），惟尾追而不迎擊，致有「迎送伯」之綽號。甚至地方村民，預備糧餉，請其出兵，拒而不納！常求無賊之地駐軍！……

這就是乾、嘉全盛時八旗精兵的武功！再看看他們的軍紀：

……軍中費用之侈，駭人聽聞，據當時從軍者言：兵餉多為管糧員所侵蝕，實際待遇士兵甚薄。聊舉一例：時有建昌道石作瑞者，侵蝕五十萬兩。但非其自貯，不過用以延諸將帥宴飲而已。嘗於深箐荒麓間，供一品五六兩之珍饈，一席至三四十品之多。有某尚書初至陣中，彼贈以珍珠三斛，蜀錦一萬匹，他物稱是。……（《清朝全史》上，第四十九章）

在這乾、嘉之際的征剿川、楚教匪一事，已可顯著地證明滿洲八旗的衰落和漢人軍隊的漸盛，不必等待洪、楊以後湘、淮軍的興起。從乾隆末年剿教匪時，負責平匪的滿洲大帥，如湖北都統永懷鎮守湖北，總督宜綿討伐陝西，福寧英掃蕩四川，不但無一不敗，且只有擴大匪禍！擾攘八九年，而最後平定教匪的，最勇猛無敵而亦最勤勞立功的，乃反出於漢族中新挺起來的楊芳、楊遇春二將軍。此時已透露滿、漢兩民族武德消氏的徵兆。至於鴉片戰爭時，八旗兵土崩瓦潰的醜狀，甚至使英軍吃驚的。

王鈞曾記當時八旗兵的實況說：

……奉調之初，沿途劫奪。……抵粵以後，喧呶紛擾，兵將不相見，遇避難百姓……擄取財物。教場中互相格鬥，日有積屍！……盡奪十三行，背負肩擔而去，呼群結黨，散赴各鄉，累日不歸，不知所事！……百姓以兵不擊賊，反阻民勇截殺，自是咸懷憤激，益輕視官兵矣！（王鈞：《金壺浪墨》）

漢民族初時對於滿族武力的畏懼，掃地無餘，已由「輕視」而進於「鄙視」，尤以粵人為甚。所以秀才、舉人等白面書生，也竟敢明目張膽起來要求改變「祖宗的成法」，以求國家的生存。這是戊戌變法能得國內多數智識分子同情與影響的緣故。

（3）由於洪、楊亂後實際政權的轉移

因洪、楊之亂及其平定，而清代實際政治權力暗中轉移甚大，以民族說，大權分於漢族；以政治說，大權分於地方。正當洪、楊勢盛之時，八旗兵的無用，固然是騰笑天下，而滿洲官吏之無能，也頗可遺羞後世。此時正是肅順當權時代，他倒有自知之明，知道那時滿人的洩氣，漢人的方興，這場大難，非漢人絕對不能平定，力勸咸豐帝重用曾、胡、左等一班新人，賦予相當權力，使之立功。

薛福成曾記：

……時粵賊勢甚張，而討賊將帥之有功者，皆在湖南。……惟肅順知之已深，頗能傾心推服。平時與座客談論，常心折曾文正公之識量、胡文忠公之才略。蘇、常既陷，何桂清以棄

> 城獲咎，文宗欲用胡公總督兩江，肅順曰：「胡林翼在湖北措注盡善，未可挪動。不如用曾國藩督兩江，則上下游俱得人矣。」上曰：「善。」遂如其議，卒有成功。左文襄公之在湖南巡撫幕也，已革。永州鎮樊燮控之都察院；官文督湖廣，復嚴劾之。廷旨：「如左宗棠果有不法情事，可即就地正法！」肅順告其幕僚……轉告郭嵩燾。郭公聞之大驚，求救於肅順，……上果問肅順曰：「方今天下多事，左宗棠果長軍旅，自當棄瑕錄用。」肅順奏曰：「聞左宗棠在湖南巡撫駱秉章幕中，贊畫軍謀，迭著成效。駱秉章之功，皆其功也。人才難得，自當愛惜。請再密寄官文，錄中外保薦各疏，令其察酌情形辦理。從之。……文襄勳望遂日隆焉。（《庸盦筆記》肅順推服楚賢條）

到洪、楊平後，這漢、滿兩族政治能力的實際競賽，結果揭曉，相差得實在太遠了。自此以後，滿人所死力獨霸、絲毫不鬆的政權，不得不被漢人分去了一半。

至於中央政權被分於地方的因果，李劍農說得很明：

> ……在洪、楊戰役期中，許多人的巡撫、總督位置，全由軍功取得。一面做督撫，一面帶兵打仗，如江忠源、胡林翼、李鴻章、左宗棠、劉長佑等不計其數。……此後的督撫，不惟有領兵之權，並且兼有隨意編練軍隊之權……地方編練軍隊，雖須奏明……皇帝因為急於平亂，只要地方有辦法，沒有不裁可的。裁可後即由各地方疆吏自由施行，需要補充或擴

大額數時，又用同一辦法，一面奏報，一面辦理。湘軍、淮軍都是由此種程序成立及擴大的。……概括起來，清政府地方勢力，在此期中的變化，不外兩點：一、督撫取得軍事上的實權，其勢漸重；二、軍隊由「單元體」化為「多元體」，中央失去把握之權。……（《中國近百年政治史》第二章）

戊戌變法，換一個方向的看法，也可以說是和平的政治革命，非在上述的形勢下，是沒有發動的可能的。上述的實際形勢，也是戊戌變法一個最大的誘因。

（4）由於咸、同之際宮廷政變的結果

清廷之亡，亡於太后那拉氏一人，這是天下萬世的公評。那拉氏（即西太后慈禧太后）本為咸豐帝的侍妾。稍通文字，小聰明而性險刻。咸豐帝已深惡之；帝病於熱河，恐身後那拉后造禍，半夜與肅順商議，先行賜死。時無第三人聞者，不意太監李蓮英在窗外守夜，聞之。宮門已鍵，爬狗洞而出，密告於那拉氏。那拉氏即於半夜叩太后寢宮，哭訴求救命。明晨，咸豐帝朝其母，太后大怒，責其何以無故殺人？帝愕然，力辯其無。此事遂寢。故那拉氏終身恨肅順入骨，而愛李蓮英入髓。又據《春冰室野乘》所記，咸豐帝實為那拉氏所毒弒；帝臨崩時，有人在窗外聞帝作怨恨聲，連呼「翠兒！翠兒！你好忍心！」翠兒是那拉氏的小名，似乎咸豐帝已發覺中了翠兒的毒手。這翠兒可偏偏生了一個兒子載淳——同治帝。正后無子，後來稱「東太后」。那拉氏因為是同治帝生母的緣故，後來稱「西太后」。咸豐帝崩後遺詔，以怡親王載垣、鄭親王端華、戶部尚書肅順（端華胞弟）及軍機大臣中兵部尚書穆蔭、吏部左侍郎匡源、禮部右侍郎杜翰、太僕寺少卿焦佑瀛、御前大臣額駙景壽等八人為贊襄王大臣。此時同治帝年僅六歲，這八人實為那時中國的最高權力者，而肅順尤為其中的靈魂。議定改年號為「祺祥」，已經鑄了「祺祥通寶」的錢了。可是不久這心狠手毒的那拉翠兒，運用她陰忍險刻的手段，突其不意，先發制人，把肅順處斬，端華、載垣賜死。否認贊襄王大臣的遺詔，她便自稱「太后」，違背清代祖宗三百年的家法，居然垂簾訓政起來，「牝雞司晨」，中國從此便墮入地獄的深淵！

所以這次大政變，絕不是宮廷間私人之爭。而是關係全國百年的大計，漢族大臣凡是屬於肅順政治系統的，無不人人栗栗危懼，胡林翼聞此大變，就在同年憂愁死了。曾國藩也屢次想自殺。要不是洪、楊未平，這班人都會斬草不留根的。立了兒皇帝載淳以後，東太后相當安分公正，西太后則放僻邪淫，無所不為！連她自己親生兒子同治帝，也深惡他母親的醜聲四播而引起強烈的反感。西太后所信任、所狎昵的，只有太監；此外無賢，無尊，無親，無貴，無大臣百官；至於國家與百姓，那即使分解她全身每一顆細胞都是找不出來的！天地之間，只有她與太監。自從東太后授意丁寶楨殺了太監安得海以後，這位老姨太太不耐煩了，她就再用前此謀殺親夫的秘訣，毒弑了正宮東太后。這是惲毓鼎《崇陵傳信錄》記載得很明白的。從此以後，中國最高的政治權力，表面上是屬於兒皇帝一人，事實上卻在西太后一個人手裡，骨子裡卻屬於太監李蓮英一人。所謂議政親王、軍機大臣，一齊要向這「皮哨李」（李蓮英的綽號）垂手低頭，連聲道「是！是！是！」而退。以中國五千年悠久的文明，三千萬方里博大的土地，四萬萬五千萬優秀的人民，而把這全副命運，放在一個目不識丁、鴉片入骨、不陰不陽、非人非物的怪東西——「皮哨李」手裡，嗚呼哀哉！所以全國，不論何種階級，上至帝后（包括東太后、同治帝后、光緒帝后在內），下至平民，一致痛恨西太后與「皮哨李」，真是深恨入骨，但敢怒而不敢言耳。戊戌變法，就是國中勇敢不畏死的青年，企圖與皇帝合作，起而推翻西太后與李蓮英統治的政治革命！

## 四十二、內根的近因

（C）關於內根的近因，又可分下列四項述之：

（1）由於帝、后本身的爭權

從上述遠因第（4）項政變的波浪下來，同治帝親母子之間，惡感日深。西太后真是個「惡婆娘」，甚至干涉兒子媳婦的燕好，同治帝憤而外遊，得不名譽的病而死。西太后憤親生子不孝，不為他立嗣，使同治帝絕代。書呆愚忠吳可讀先行自殺，然後以遺疏尸諫，請為「大行皇帝立嗣」（剛死的皇帝稱大行皇帝），白白犧牲了生命，除了令人作嘔的傳旨嘉獎以外，一切完了！西太后於是重立一個更小的兒皇帝，是她親妹妹所生的，只有四歲的載湉——光緒帝。當開分謗的御前會議時，有人主張援立溥倫，西太后厲聲斥責：「溥字輩一概不要！」這一吼，嚇得親王大臣面面相覷，誰還敢逆「河東獅」的淫威！一個個喏喏連聲而退，這一來，把一位天真活潑的小朋友載湉，生生地抓入紫禁城的牢獄中去，判了長期徒刑三十四年，而後「就獄正法」！這就是光緒皇帝的生活史。

西太后何以主張「溥字輩一概不要」呢？這裡有三個秘密原因：

（一）最大的一點，是她「專制到死主義」。立了「溥」字輩，她的地位是祖母了，是太皇太后了，那時老臉再「難為情」垂簾訓政了。所以乃立「載」字輩，她以養母及皇太后資格，專權專到死！

（二）其次的原因，依然是「專制到死主義」，如果立了「載」字輩的年長的人，他便不服從你指揮了。所以抓到只有四歲的小孩，那便是她和李蓮英的玩物了。

（三）最後是她對親生子的洩憤主義。若立「溥」字輩，就是默認是同治帝之後了。偏立「載」字輩，使這不孝親母的「忤逆子」絕嗣。

光緒帝做了三十年囚徒，而有甲午中日戰爭的大敗。這三十年中間的天災、人禍，內憂、外患，百孔千瘡，實難盡記。這青年皇帝——不，青年囚徒！——眼看著國家快要亡了，而親爸爸和皮哨李的荒淫，反日甚一日！想要有所改變補救而手無寸柄，鰥寡孤獨，除了一位七八十高齡的老師傅——翁同龢以外，茫茫宇宙間，竟舉目無一個親人！又忍無可忍，悶悶地再做四年囚徒，到了戊戌年，忽然上天降下了一個怪傑康有為，領導了一批少壯幹部及數千人附和的青年羽翼，及全國翕然同情的輿論，肯自動幫他這個「寡人」來變法維新，他真是歡喜得有感謝上蒼、天佑中國的心緒，所以信任康有為的徹底及變法動作的迅速，真是古今所罕見的。百日維新所以突然如火焰一般地怒起，這是一個最大的近因。

（2）由於滿洲貴族不滿漢族地主情感的表露化

據上述，光緒帝因急欲解除其囚徒的地位，而真正取得皇帝的權力，不得不完全重用漢族人才，以達成其目的。洪、楊亂平，捻黨又清，新疆收復，回亂重定，大功多出於漢人，這引起了滿洲貴族的嫉妒、憤怒、恐懼，而無可如何！今見皇上又一味重用漢人，不平之氣更甚。滿人如剛毅、榮祿，且明目張膽昌言排漢。這在漢人豈有不知之理，梁氏的著作內就敘述甚詳（均見下）。但西太后和李蓮英的荒淫政治，對中國固然是推入地獄；對滿族，豈不是更打入泥犁嗎？

所以識大體的少數滿洲人，也竟有同情於光緒帝及漢族青年的維新變法運動的。譬如楊深秀的密友文悌：

御史文悌者，滿洲人也。以滿人久居內城，知宮中事最悉。頗憤西后之專橫，經膠、旅（之役）後，慮國危。文君門下有某人者（按：即大刀王五），撫北方豪士千數百人。適同侍祠，文君語君（楊深秀）宮中隱事，皆西后淫樂之事也。既而曰：「君知長麟去官之故乎？長麟以（皇）上名雖親政，實則受制於后，欲請上獨攬大權。曰：西后於穆宗則為生母，於皇上則為先帝之遺妾耳。天子無以『妾母』為『母』者！其言可謂獨得大義矣。」君（楊）然之。文又曰：「我奉命查宗人府囚，見澍貝勒（按：即溥澍，同治帝有遺詔欲立之為後者），僅一袴蔽體，上身無衣，時方正月祁寒，吾憐之，賞錢十千。西后之刻虐皇孫如此！蓋為（皇）上示戒，故上見后輒顫！此與唐武氏何異？」因慷慨誦徐敬業討武氏檄「燕啄王孫」四語，目眦欲裂。君（楊）美其忠誠。（文）乃告君（楊）曰：「吾少嘗慕遊俠，能逾牆，撫有崑崙奴甚多；若有志士相助，可一舉成大業。聞君門下多識豪傑，能覓其人以救國乎？」君（楊）壯其言而慮其難。……（〈楊深秀傳〉）

可見當時主張維新、改革的志士，固然是以漢族為中堅，但也有少數的滿人參入。而守舊、頑固分子，固然多屬於滿族的朝貴，而漢族的守舊派，如許應騤、楊崇伊之流，也反對變法。老實說：到了戊戌年間，維新派與頑固派，對於統治中國政權的爭奪，已經走到圖窮匕現、短兵相接的階段了，因之發生了像百日維新這樣一幕刀光血影的精彩悲劇。

（3）由於中山先生領導革命運動的亢進

概括地說，亡清末葉的三十年間，中國人的思想疇範，約可分四個時期：從光緒初年至甲午之戰，是以李鴻章為中心時期；從甲午之敗至戊戌變法，是以康有為為中心時期；從戊戌變法失敗至日俄戰爭，是以梁啟超為中心時期；從甲辰帝俄戰敗至辛亥革命，是以中山先生為中心時期。但此只是就中上社會及智識分子的表面部分而言，而實際上中山先生所領導的革命工作，已逐漸深入人心，彌漫全國；清廷亦不得不承認這才真是致命的隱憂大患！在初時，八股秀才們不免認「孫文為紅眉毛、綠眼睛的公道大王」（吳稚暉先生語）。但至戊戌、庚子之間，中山先生「驅除韃虜，恢復中華」的光明大義，已逐漸宣白於天下。

中山先生自說：

……經此（庚子惠州之役）失敗而後，回顧中國之人心，已覺與前有別矣。當初次之失敗也，舉國輿論，莫不目予輩為亂臣賊子，大逆不道，咒詛謾罵之聲，不絕於耳。吾人足跡所到，凡認識者幾視為毒蛇猛獸，而莫敢與吾人交遊也。惟庚子失敗以後，則鮮聞一般人之惡聲相加。而有識之士，且多為吾人扼腕嘆惜，恨其事之不成矣。前後相較，差若天淵。吾人睹此情形，心中快慰，不可言狀；知國人之迷夢，已有漸醒之兆。（《建國方略》）

戊戌與庚子，只差二年，而中山先生之革命風潮，已澎湃如此。清德宗及其一部分大臣，自然感覺到變法維新，尚可苟且保全宗社。這是「害取其輕」的原則，所以急劇地厲行變法改制。

（4）由於國內輿論傾向維新之漸漸成熟

上章已述甲午以後，國內各地各種學會已風起雲湧。這種學會，都是造成維新黨與革命黨的苗圃。同時西洋新學說，無可阻遏地如潮水浸入，國內的民智無可封鎖地日益開啟。絕非老朽官僚張之洞的《勸學篇》，冬烘學究葉德輝的《翼教叢編》等覆瓿著作所能挽阻。而同時旅華公正之外人，復為啟發中國民智之事，盡側面之努力。

稻葉氏云：

……此時在上海之外人，乃對於民間風氣之革新而樂為助力。其最著者則廣學會也。廣學會者，一八八八年（光緒十四年）在中國之英、美宣教士及學士等所組織。其中知名之士，以林樂知、丁韙良、慕維廉、艾約瑟、李佳白等為最著。其目的在啟發中國之新智，輔翊中國之自強。其最初在翻譯新書，發行雜誌，如《泰西新史攬要》、《文學與國策》、《治國要務》、《自西徂東》、《列國變通興盛記》《萬國公報》等，皆有喚醒中國之價值。……廣學會知中東戰後，中國漸有覺悟，乃派李提摩太於北京，周旋於名公巨卿之間，講善後之策。當時推李提摩太為官書局教習，固辭；其言曰：官書局教習之地位……所成就不過數十百人。……不如為廣學會盡力，擴大其規模，以培養將來中華之人才，贊助智德之發達也。……（《清朝全史》第八十二章）

所以到了戊戌年間，維新運動已呈瓜熟蒂落的現象。除了冥頑無恥、賣身求榮的少數敗類以外，都可以說是渴望政治改革有如甘霖的了。

## 第十一節　戊戌變法史劇的繪影

上述戊戌變法的內、外、遠、近的原委因素，以及政治的、外交的、社會的、文化的各種背景環境，都加以綜合的、客觀的詳述，讀者也早已了然戊戌變法的真實性質了。再回頭來看經過的事實，自然更容易心領神會，徹底瞭解了。這一幕悲壯、簡短而重要的史劇，其經過的史跡如下。

## 四十三、痛哭流涕時代的最後請願

光緒二十四年戊戌，因德人的強佔膠州灣，引起俄人立即強佔旅順、大連灣，英人強佔威海衛，法人強佔廣州灣，甚至意人也要強佔三都澳，國人大驚，看見瓜分之刀已在頸上，奔走號呼，保國會之類便在各地湧起。幽居深宮的二十九歲皇帝清德宗，也憂愁得要死，問他唯一的親信人老師傅翁同龢，到底還有什麼辦法沒有？老師傅實在太老了，難當起弱圖強的重任，於是推薦六度上書、名滿天下、羽翼豐盛的新進士康有為。同時徐致靖、張蔭桓、李端棻、高燮曾等一班大官，又疏薦康氏。康氏又復痛哭流涕地最後一次上書，有激切的透論，及詳備的規劃。

梁氏扼要記著：

> 康先生之上皇帝書曰：「守舊不可，必當變法；緩變不可，必當速變；小變不可，必當全變。」又曰：「變事而不變法，變法而不變人，則與不變同耳。」故先生所條陳章奏，統籌全局者，凡六七上其大端在請誓太廟以戒群臣，開制度局以定規模，設十二局以治新政，立民政局以行地方自治；其他如遷都、興學、更稅法、裁釐金、改律例、重俸祿、遣遊學、設警察、練鄉兵、選將帥、設參謀部、大營海軍，經營西藏、新疆等事，皆主齊力並舉，不能支支節節而為之。而我皇上亦深知此意……（〈政變原因答客難〉）

又請泯滿、漢民族之界限。梁氏又記：

……康南海之奏對，其政策之大宗旨曰：「滿漢不分，居民同志。」斯言也，滿洲全部人所最不樂聞者也，而我皇上深嘉納之。……（〈論變法必自平滿、漢之界始〉）

光緒帝全部接受了康氏的意見，隨即於四月二十三日，下詔定國是。於四月二十八日召見康氏，即任命康有為在總理各國事務衙門行走。又召見梁氏，即賞舉人梁啟超六品銜，命辦大學堂、譯書局事務。在帝的本意，自然要以更重要的位置畀予康、梁，可是二品以上大員的黜陟，都要向頤和園請命，那麻煩了。故暫給以小官，而實賦予大權。從此以後，康、梁便得發抒其胸中的抱負了。所謂百日維新，便自此開始了。

## 四十四、新政要綱一覽

但轟轟烈烈開幕以後，所演的戲可並不偉大。舉其重要節目如下：

（一）命自下科始，鄉會試及生童歲科各試，向用四書文者，改策論。

（二）定鄉會試隨場去取之法，並推行於生童歲科試。

（三）停止朝考。

（四）命刪改各衙門則例。
（五）命於京師設立農工商總局。
（六）下裁汰冗官令，命裁撤：詹事府、通政司、光祿寺、鴻臚寺、太僕寺、大理寺衙門；湖北、廣東、雲南三巡撫；並東河總督缺。其各省不辦運務之糧道，向無鹽場之鹽道，亦均裁撤。其餘京、外應裁文武各缺，命大學士、六部、各省將軍、督撫，分別詳議以聞。

其餘尚有不成片段的小新政，從略不舉。即此戔戔的新政，在我們今日看來，不但距離國民的政治理想，有隔世之感；比較日本明治維新的規模，有天淵之別；即就康有為所上的條陳而言，也還有千里之差。然而在清德宗看來，卻總算是大刀闊斧的了。就是上列幾樁新政，從四月行到七月中旬，似乎行得順手起來，召譚嗣同進京。旋發上諭，「內閣候補中書林旭江蘇候補知府譚嗣同，均賞加四品卿銜，在軍機章京上行走」。這就是名震一時的「四京卿」。

梁氏說：

……自四卿入軍機，然後皇上與康先生之意，始能少通、銳意欲行大改革矣。（〈譚嗣同傳〉）

於是在七月二十七日，光緒帝宣佈堂皇的上諭：

國家振興庶政，兼採西法。誠以為民主政，中西所同；而西人考究較勤，故可以補我所未及。西國政治之學，千端萬緒，主於為民開其智慧，裕其身家；其精者乃能美人性質，延人壽命。凡生人應得之利益，務令其推廣無遺。朕夙夜孜孜，改圖百度。豈為崇尚新奇，乃眷懷赤子，皆上天之所畀，祖宗之所遺；非悉使之康樂和親，朕躬未為盡職。今將變法之意，佈告天下，使百姓咸喻朕心，共知其君之可恃。上下同心，以成新政，以強中國，朕不勝厚望！（〈愛國論〉所引）

## 四十五、磨折的警報

此時也許就是光緒帝皇威發揚到頂點的時候了吧！在此略前，光緒帝想乘機黜退幾個守舊大臣，立一點主子的威風，便借一件事把禮部的滿、漢兩尚書四侍郎——都是最頑固分子：懷塔布、許應騤、堃岫、溥頲、徐會澧、曾廣漢，一齊革職。哪知道懷塔布的妻，是侍奉那拉后得寵的老媽子，便向「老佛爺」哭訴起來，「老佛爺」於是勃然大怒，光緒帝便惶悚害怕起來，據梁氏述：

（七月）二十九日，皇上召見楊銳，遂賜衣帶詔，有「朕位幾不保」、「命康與四卿及同志速設法籌救」之語。……（〈譚嗣同傳〉）

據惲毓鼎所述：

譚、楊憤上之受制，頗有不平語。上手詔答之，略謂：「頑固守舊大臣，朕目無如何。然卿曹宜調處其間，使國富兵強，大臣不掣肘，而朕又上不失慈母之意。否則朕位且不保，何有於國！」於是蜚語浸聞於西朝。（惲毓鼎：《崇陵傳信錄》）

## 四十六、譚、袁半夜的壯劇

那時懷塔布及楊崇伊等早與榮祿陰謀廢光緒帝。嗾走狗李盛鐸奏請帝奉太后至天津閱兵，榮祿因以武力實行廢立。帝明知天津便是他自己「正法的刑場」，可是不得不下諭九月奉太后至天津閱兵！康有為這班人真急慌了，怎麼辦呢？不得已想到求救於袁世凱。

君（譚嗣同）與康先生捧詔（衣帶詔）慟哭，而皇上手無寸柄，無所為計。時諸將之中，惟袁世凱久使朝鮮，講中外之故，力主變法。君密奏請皇上結以恩遇，冀緩急或可救助，詞極激切。八月初一日，上召見袁世凱，特賞侍郎。初二日復召見。初三日夕，君逕造袁所寓之法華寺，直詰袁曰：「君謂皇上何如人也？」袁曰：「曠代之聖主也！」君曰：「天津閱兵之陰謀，君知之乎？」袁曰：「然，固有所聞。」君乃直出密詔示之曰：「今日可以救我聖主者，惟在足下。足下欲救則救之。」又以手自撫其頸曰：「苟不欲救，請至頤和園首僕而殺僕，可以得富貴也！」袁正色厲聲曰：「君以袁某為何如人哉！聖主乃吾輩所共事之主，僕與足下，同受非常之遇；救護之責，非獨足下，若有所教，僕固願聞也！」君曰：「榮祿密謀，全在天津閱兵之舉。足下及董、聶三軍，皆受榮所節制，將挾兵力以行大事！雖然，董、聶不足道也，天下健者，惟在足下。若變起，足下以一軍敵彼二軍，保護聖主，復大權，清君側，肅宮廷，指揮若定，不世之業也。」袁曰：「若皇上於閱兵時疾馳入僕營，傳號令以誅奸賊，則僕必能從諸君子之後，竭死力以補救。」君曰：「榮祿遇足下素厚，足下何以待之？」袁笑而不言。袁幕府某曰：「榮賊並非推心待慰帥者，昔某公欲增慰帥兵，榮曰『漢人未可假大兵權』，蓋向來不過籠絡耳。即如前年胡景桂參劾慰帥一事，胡乃榮之私人，榮遣其劾帥、而已查辦昭雪之以市恩。既而胡即放寧夏知府，旋升寧夏道。此乃榮賊心計險極、巧極之處，慰帥豈不知之。」君乃曰：「榮祿固操莽之才，絕世之雄，待之恐不易易！」袁怒目視曰：「若皇上在僕營，則誅榮祿，如殺一狗耳！」因相與言救主之條理甚詳。袁曰：「今營中槍彈火藥，皆在榮賊之手。而營哨各官，亦多屬舊人；事急矣，既定策，則僕須急歸營，更選將官，而設法備貯彈藥，則可也。」乃丁寧而去，時八月初三夜漏三下矣。至初五日，袁復召見。至初六日，變遂發。……（〈譚嗣同傳〉）

這一幕精彩而悲壯的話劇，應該在中國近代史上放一異光。可是，這裡袁世凱所表演的，固然是神彩活現的英雄本色，但卻不能不啟世人疑心：榮賊的陰謀，本應該在九月裡才發作；何以八月初三夜這幕史劇演完以後，初六日事變就突然提前發作？所以有甚多的人，都說這反是袁世凱賣友首告所促成的。所以光緒帝至死恨袁世凱入骨，而袁世凱自己也曾有「臣，先帝之罪人也」的良心懺悔語，是不為無因的。

當譚嗣同熱烈屬望袁世凱救主之時，但林旭即不謂然。據梁氏所撰的〈林旭傳〉說：「既奉密諭，譚君等巨踴號呼。時袁世凱方在京，謀激其義憤；而君不謂然，作一小詩代簡，致之譚等曰：『伏蒲泣血知何用，慷慨何曾報主恩。願為公歌千里草，本初健者莫輕言。』」「千里草」，是東漢末年一首童謠：「千里草，何青青。十日卜，不得生。」「千里草」合成一「董」字，「十日卜」合成一「卓」字。「本初」是袁紹字，這裡借用董卓、袁紹的故事來比喻董福祥與袁世凱。意思是說：這種辦法，恐怕將來董福祥、袁世凱之流，挾天子以令諸侯，那真不可收拾了。

## 四十七、皇帝成俘虜了

初六日，光緒帝就被拘禁到頤和園中的玉瀾堂。太后垂簾主政。逮捕張蔭桓、徐致靖及名震一時的六君子。

自四月以來，京師謠言，皆謂帝病重；然帝仍日日召見臣工，固未嘗有病。及革禮部六堂官，擢四京卿；懷塔布及御史楊崇伊等先後至津，謁榮祿，遂相與定謀：檄調聶士成軍五千駐天津。又命董福祥軍移長辛店。三次急電至總理衙門，言英俄在海參崴開戰，英艦七艘泊於天津，請飭袁世凱回津防禦。世凱至津，榮祿即乘專車抵京。與懷塔布、許應騤、楊崇伊、張仲炘，至頤和園，上封事於太后，請訓政。太后立命以榮祿之衛兵守禁城。令榮祿仍回津以候召命。會議至夜半而散。翌晨，新黨謀圍頤和園之謠起，太后垂簾之詔下。——（自注）先是，太監於茶店中創一種風語，言帝設謀傾害太后，且引外人助己。士大夫多深信之，互相傳播。（《清史紀事本末》）

至於光緒帝被擒的情形，惲毓鼎記得甚慘：

御史楊崇伊、龐鴻書，揣知太后意，潛謀之慶王奕劻，密疏告變。請太后再臨朝。袖疏付奕劻轉達頤和園。八月初四（六）日黎明，上詣宮門請安，太后已由間道入西直門，車駕倉皇而返。太后直抵上寢宮，盡括章疏攜之去。召上怒詰曰：「我撫汝二十餘年，乃聽小人之言謀我乎？」上戰慄不發一語。良久囁嚅曰：「我無此意。」太后唾之曰：「癡兒！今日無我，明日安有汝乎？」遂傳懿旨，以上病不能理萬機為詞，臨朝訓政。（《崇陵傳信錄》）

就把光緒帝圈禁於頤和園中的玉瀾堂。凡是遊過頤和園的人，都可以在玉瀾堂憑吊，這一宮院左右美麗的配殿，屋中打了二道烏黑而堅實的磚牆，醜怪得要死，至今尚未拆除，這便算是近代史上遺留的史跡。

## 四十八、廢立陰謀與「單片請安」

過後，西太后一定要廢掉光緒帝，說帝病危，把藥方開示給天下公閱。她何以要多此一舉，把藥方公佈於天下呢？這意思並不是證明她的人格的不撒謊，乃是有實力上的顧慮，要看看天下督撫的眼色。上面已經說過：洪、楊以後，清代政權暗移，中央則分大權於地方。軍權與地方財政權，則均握於各大督撫之手。儼然是方面千里的大諸侯，倒不好隨便開罪的。各省官吏人民，對於廢立之事，那是人人義憤填膺，可是有什麼和平方法去挽救呢？最後兩江總督劉坤一，到底給他想出一個絕妙的和平挽救方法來了，即所謂「單片請安摺」。原來自同治元年以後，所有全國大小臣工奏疏，總要加「恭請皇太后、皇上聖安」或「伏懇皇太后、皇上聖鑒」絕對不許單提「皇上」一人的，三十五年中絕無例外。此次劉坤一以伏讀藥方為藉口，單片「恭請皇帝陛下聖安！」既不得罪西后，又表示兩江的大吏與人民，都忠愛於光緒帝。據說這是浙江名士湯壽潛所設想的。後來頗有幾件「單片請安摺」上去，李蓮英和那拉后看見風色不佳，決定把這「癡兒」暫時圈禁起來再說。

至於康、梁這一般「小人」，在西后自然要把他們立斬處決，才洩「奴家」胸中一股無名之火。可是洋鬼子可惡透頂，首逆康有為已經早一日受英使館保護，並且特派兵艦由天津護送到香港去了。次逆梁啟超、譚嗣同，又由日本使館用綠呢大轎，接到他使館中保護去了。李蓮英和那拉后於是恨洋鬼子刺骨！東洋小鬼割朝鮮、臺灣，她沒有覺得什麼可恨；只有保護「逆賊」梁、譚，這才是不共戴天之仇。二年後庚子之大殺東西洋鬼子，其導火線即伏於此。

## 四十九、譚嗣同精忠壯烈的芳躅

其中譚嗣同精忠壯烈的行為，尤為可泣鬼神，可風百世。他本可以如梁氏一樣，由日本嚴密保護，安逸地送往東京。可是他已經入了安全地帶，又重新自動出來，願拋頭顱，以改造祖國百年的命運！這種「忠」而「俠」的行為，中國已經數百年見不到。

……旋聞垂簾之諭。君（譚）從容語余（梁）曰：「昔欲救皇上，既無可救；今欲救先生，亦無可救。吾已無事可辦，惟待死期耳。」……入日本使館，勸余同遊。且攜所著書及詩文辭稿本數冊，家書一篋托焉。曰：「不有行者、無以圖將來。不有死者，無以酬聖主。今南海之生死未可卜，程嬰、杵臼，吾與足下分任之。」遂相與一抱而別。初七、八、九三日，君復與俠士（相傳即大刀王五，但未至）謀救皇上，事卒不成。初十日，遂被逮。被逮之前一日，日本志士數輩，苦勸君東游，君不聽，再四強之，君曰：「各國變法，無不從流血而成！中國未聞有因變法而流血者，此國之所以不昌也。有之，請自嗣同始！」卒不去，故及於難。……於八月十三日斬於市。春秋三十有三。就義之日，觀者萬人，君慷慨神氣不少變！……（〈譚嗣同傳〉）

這壯烈史跡，民國十六年夏，梁先生親和其昌再講一篇，從黃昏直講到天亮。已經隔著三十五年了，梁先生還是老淚縱橫，其昌也不覺熱淚奪眶。譚嗣同氏在百忙中間，還代他的父親譚繼洵，先上一個「黜革忤逆子嗣同」的奏片，使他的老父免於罪戾；他真是忠孝兩全。他在獄中，又題一詩於獄壁，曰：

望門投止思張儉，忍死須臾待杜根；
我自橫刀向天笑，去留肝膽兩崑崙！

張儉是譬喻他所懷念的康南海。杜根，也許是暗指他所期待的某俠士。這首詩，立刻電傳到日本，日本立即為它譜出曲調來，令學生們歌唱。因為這件事的本身太感動人了。

## 五十、千秋肅敬的劉光第父子與林旭夫婦

其他同時五君子的義烈行為，也實在可泣可歌。譬如梁氏的〈劉光第傳〉記他們父子殉國：

君（劉）既就義，其嗣子赴市曹伏屍痛哭一日夜以死。

三十五年後梁先生親為其昌追述當時的情形說：「裴村臨刑，其嗣子不過十四歲或十六歲，倉促確知，別無法救；趕赴刑場向監斬官剛毅叩頭流血，請代父死，不允。既斬，抱其父頭而哭，立時嘔血，半夜而死。……」聞之酸鼻。

又記林旭夫婦殉國事：

君（林）妻沈靜儀，沈文肅公葆楨之孫女。得報，痛哭不欲生。將親入都收遺骸，為家人所勸禁，乃仰藥以殉！……（〈林旭傳〉）

## 五一、康廣仁、楊深秀、楊銳三君子的忠烈

又記康廣仁獄中告誡程、錢之氣概：

……君（康）從容被逮。與程、錢二人同在獄中。言笑自若，高歌聲出金石。……程、錢曰：「吾等必死矣！」君厲聲曰：「死亦何傷！汝年已二十餘矣，我年已三十餘矣！……特恐吾等未必死耳，死則中國之強在此矣，死又何傷哉！」（〈康廣仁傳〉）

其他如記楊深秀：

忠誠之氣……論者以為雖前明方正學、楊椒山之烈，不是過也！（〈楊深秀傳〉）

而記楊銳則云：

……叔嶠（銳字）……尚氣節，明大義，立身不苟，見危授命！有古君子之風焉。……（〈楊銳傳〉）

這一幕歷史上不朽的名劇，在北京的，以「黃匣」、「朱諭」始，以「銀刀」、「碧血」終，就此草草告一結束。至於梁任公本人呢，由日本公使林權助受日政府令，嚴密保護：揚言「日本欽察大臣內眷回國」，衛士呼殿，婢媪圍繞，不令人窺。用專車送至塘沽，更由大島兵艦，由塘沽直駛東京。在東京過他另一套亡命的文豪生涯去了。

## 第十二節　變法失敗原因的解析

至於戊戌變法所以失敗的原因，大概可以說是先天的、命定的、必然的、無可倖免的歸宿。其原因實在最顯而易見的，隨便舉例來說，即有下列各項。

## 五十二、由於清德宗的無權與無能

也難怪他，他自四歲起便在這紫禁城的牢獄中受李蓮英和西太后淫威的挾制，畏懼恐怖的心理已經深深打入下意識中，清明的親王朝貴，沒有一人把這可憐的皇上放在眼裡。每一個太監，都是監視他的偵探。他早已和漢獻帝、魏高貴鄉公處於同一的地位。以如是的地位，而想奮發圖強，大有作為，根本已有緣木求魚之感。譚嗣同輩初時還裝在鼓裡，梁氏說：

……初，君（譚）之始入京也，與言皇上無權，西后阻撓之事，君不之信。及七月二十七日，皇上欲開懋勤殿，設顧問官，命君擬旨。先遣內侍捧「歷朝聖訓」授君，傳上言：謂康熙、乾隆、咸豐三朝，有開懋勤殿故事，令查出引入上諭中，蓋將以二十八日親往頤和園請命西后云：君退朝，乃告同人曰：今而知皇上之真無權矣。至二十八日，京朝人咸知懋勤殿之事，以為今日諭旨將下而卒不下，於是益知西后與帝之不相容矣！（〈譚嗣同傳〉）

此點康廣仁最有先見之明，早已洞若觀火，他在戊戌春間就說：

我國改革之期，今尚未至。且千年來，行愚民之政，壓抑既久，人才乏絕；今全國之人才，尚不足以任全國之事，改革甚難有效。今科舉既變，學堂既開，阿兄（康有為）宜歸廣東，卓如（梁早年之字）宜歸湖南，專心教育之事，著書，譯書、撰報，激勵士民愛國之心，養成多數實用之才。三年之後，然後可大行改革也。

他的卓見，未被興高采烈的阿兄及卓如採納。到七月他又剴切地說：

……自古無主權不一之國而能成大事者。今皇上天亶睿聖，然無賞罰之權。全國大柄，皆在西后之手，而滿人之猜忌如此，守舊大臣之相嫉如此，何能有成！阿兄速當出京養晦矣。……（〈康廣仁傳〉）

這可說明戊戌新黨，自己也知道必然失敗，是「知其不可而為之」的。

## 五十三、康有為本身的缺點

康有為對於當領袖的根本資格，其優點是：一、魄力偉大；二、精神勇猛；三、感情豐富；四、毅力堅忍。但他的缺點較多：一、胸襟不廣；二、態度傲慢；三、個性執拗；四、理智不強；五、做事無序；六、缺乏科學訓練；七、本身不求進；八、所學太亂，不適用於其時代（已詳第二章），而反驕然不慚，自謂貫通天地人，不免可笑。他在百日維新期間一生最精彩得意的生活，為他的頭腦冷靜理智較強的阿弟，對此有生動的描寫及切中的批評。說：

……伯兄（康有為）晝則講學，接見人士日以數十，戶外屨滿。夜則代草奏稿，鼓言路，及能上摺者上言。及四月，伯兄召見後，上奏及見客益忙。夜又改定《法蘭西革命記》、《突厥衰亡史》、《波蘭滅亡記》，因頻奉上命索取，故弟須一切照料，晝夜商榷。伯兄草文，皆夜深高臥，誦之於口，而弟筆之於書。其有宜商者，即與弟辯議。即寫成摺，夕上而朝行！故弟亦忙極不能行。……（《戊戌六君子遺集》康幼博茂才遺文：致口易一書）

當時康有為的生活，如此地忙繁、紊亂而倉促，縱然精力過人，其成績也自然不會佳的。他老弟對於乃兄的批評，尤為公允而有味。他說：

伯兄規模太廣，志氣太銳，包攬太多，同志太孤，舉行太大！當此排者、忌者、謗者盈衢塞巷，而上又無權，安能有成？弟私竊深憂之。故常謂但能竭力廢八股，俾民智能開，則危崖轉石，不患不能至地。今已如願，八股已廢。力勸伯兄宜速拂衣，多陳無益，且恐禍變生也。伯兄非不知之，惟常熟（翁同龢）告以上眷至篤，萬不可行。伯兄遂以感激知遇，不忍言去。……弟旦夕力言，新舊水火，大權在后，決無成功，何必冒禍！伯兄亦非不深知，以為生死有命，非所能避。……（同上）

以上真是語語洞中肯綮之言，他又指出乃兄性格的缺點，說：

> 伯兄思高而性執，拘文牽義，不能破絕藩籬，至於今實無他法，不獨伯兄身任其難不能行，即弟向自謂大刀闊斧、蕩夷藪澤者，今亦明知其危，不忍舍去。乃知古人所謂「鞠躬盡瘁，死而後已」，固有無可如何者。……（同上）

即梁氏本人，對於戊戌變法失敗的原因，及主動領袖不可避免之缺點，亦有公正、平允、精到的自白：

> 戊戌維新之可貴，在精神耳。若其形式，則殊多缺點。當時舉國人士，能知歐、美政治大原者，既無幾人。且掣肘百端，求此失彼。而其主動者，亦未能遊西域，讀西書，故其措置不能盡得其當，殆勢使然，不足為諱也。若其精神，則純以國民公利公益為主；務在養一國之才，更一國之政，採一國之意，辦一國之事。蓋立國之大原，於是乎在，精神既立，則形式隨之而進。雖有不備，不憂其後之不改良也。此戊戌維新之真相也。……（《南海康先生傳》）

據梁氏的理論，則戊戌變法，本來是從失敗中以求成功。即失敗亦即成功，以失敗促進成功。

即譚氏之慷慨自願灑熱血以洗中國之腐政，亦熱烈的懷望若此意耳。

## 五十四、滿洲貴族之排斥漢人而破壞

自洪、楊平後，西后即以積極制裁中興大臣為唯一政策，故彭玉麟寧可解除兵柄，至杭州西湖三潭印月的退省庵中做一漁夫，而絕不肯至京就任兵部尚書。梁任公嘗歎息著說：

> 中興諸勳臣，所以不能與維新之治者，亦畏那拉氏之猜忌悍忍，而不敢行其志也。……曾國荃初復江南，旋即罷職閒居，曾國藩之膽於是寒矣。左宗棠班師入覲，解其兵權，召入樞垣，陰掣其肘也。故甫及一月，而已不安其位矣。目餘百端，無不類是，亦何怪其灰心短氣，而無能為役也。……（〈中國積弱溯源論〉）

至於在捻、苗平定以後，戊戌變法以前，這一段期間，正是事實上漢人立軍功、握政權、地方督撫分取中央大權之時，此時，一些滿洲貴族憤恨之氣，鬱而未發，但時時流露。譬如：

> 昔有某西人語某親王曰：「貴國（清）之兵太劣，不足與列強馳騁於疆場，盍整頓？」某親王曰：「吾國之兵，用以防家賊而已！」（〈中國積弱溯源論〉）

有些滿洲貴族表現得很不滿，公然昌言以排漢：

不寧惟是。滿、漢界限之見，日深一日。……逮於近年，遂有如剛毅輩造出「漢人強，滿洲亡！漢人疲，滿洲肥！」之十二字訣以亂天下！……（同上）

至於戊戌變法之前夕，則「防家賊」的聲浪，愈唱而愈高。梁氏自述：

夫滿、漢之界，至今日而極矣。……滿人……無端忽焉畫鴻溝以限之曰：「某事者，漢人之私利也。某事者，漢人之陰謀也。」雖有外患，置之不顧，而惟以「防家賊」為言！夫國家既以「賊」視其「民」，則「民」之以「賊」自居，固其所也。……（〈論變法必自平滿、漢之界始〉）

滿人呼漢族為「家奴」、「家賊」，當滿廷之割土地於異國時，他們所承秉唯一的政策，為「寧與仇人，不與家奴！」此又清末全國人人所深知者。而其設兵的對象，乃專以虐殺漢族——「家賊」為目的！這樣看來，則康、梁等謀戊戌維新，不但命定地絕對失敗，反覺何必多此一舉，只有以「賊」自居而以武力革其命耳。

在百日維新期間，滿人鬧鬼的趣事，尤為笑話百出。梁氏說：

滿人之仇視皇上也，謂皇上有私愛於漢人，有偏憎於滿人！……

今滿洲某大臣之言曰：「變法者，漢人之利也，而滿人之害也。」滿人之阻撓變法，惑於斯言也。（〈論變法必自平滿、漢之界始〉）

在這樣受滿人排擠、壓迫、攻擊之下，維新救國、變法圖強，真是一個荒唐的幻夢。

## 五十五、守舊分子的死力阻撓

不惟滿清朝貴視變法維新有如蛇蠍，全祿位、保妻子之大小官僚，亦視變法維新為「打破飯碗」之禍根，故亦出死力以反對。況中國自雍正、乾隆以後，壓抑民氣、愚蒙民智之政策，無所不用其極；百年之後，甚至整個民族的「人生觀」，亦為之改變！

梁氏所謂：

……乃今世之持論者……曰安靜也，曰持重也，曰老成也，皆譽人之詞也，曰喜事也，曰輕進也，曰紛更也，皆貶人之詞也。舉之莫敢廢，廢之莫敢舉。一則曰依成法，再則曰查舊例，務使全國之人，如木偶，如枯骨，入於隤然不動之域，然後已！（〈中國積弱溯源論〉）

譚嗣同更痛切論之云：

處事不計是非，而首禁更張。「躁妄喜事」之名立，百端由是廢弛矣。用人不問賢不肖，而多方遏抑。「少年意氣」之論起，柄權則頹暮矣。陳言者，則命之曰「希望恩澤」。程功者，則命之曰「露才揚己」。……統政府六部、九卿、督撫、司道之所朝夕孜孜不已者，不過力制四萬萬人之動，絷其手足，塗塞其耳目，盡驅以入乎一定不移之鄉願格式！……教安得不亡，種類安得可保也！（《仁學》）

在戊戌以前，既以是為牢不可破之「國是」：及新法既見之實施，則彼輩更感覺得實際的切膚之痛了。

此中癥結，梁氏亦早已深知：

……今守舊黨之阻撓變法也，非實有見於新法之害也。吾所挾以得科第者曰八股，今一變而務實學，則吾晉身之階將絕也。吾所恃以致高位者曰資格，今一變而任才能，則吾驕人之具將窮也。吾所借以充私囊者曰舞弊，今一變而核名實，則吾子孫之謀將斷也。然猶不止此，吾今日所以得內位卿貳、外擁封疆者，不知經若干年之資俸，經若干輩之奔競而始能獲也。

今者循常習故，不辦一事，從容富貴，窮奢極欲，已可生得大拜，死謚「文端」，家財溢百萬之金，兒孫階一品之蔭。若一日變法，則凡任官者皆須辦事，吾將奉命而事耶，則既無學問，又無才幹，並無精力，何以能辦！將不辦耶，則安肯舍吾數十年資俸奔競，千辛萬苦所得之高官，決然引退，以避賢者之路哉！故反復計較，莫如出死力以阻撓之。盡全國千萬數之守舊黨人，不謀而同心，異喙而同辭，他事不顧，而惟阻撓變法……未有艾也。……（〈論變法後安置守舊大臣之法〉）

梁氏乃欲仿日本明治維新安置封建藩侯之法，以高位貴爵不視事而坐食厚祿以處置此輩，無奈清德宗之絕無寸柄啊！

我欲望魯兮，龜山蔽之。
手無斧柯，奈龜山何！

# 附錄 〈梁任公先生別錄〉拾遺

其昌以海陬稚學，幸得侍我先師暮年講席，以逮於易簀。往來清華園及天津馬哥保羅路寓宅者頗久，嘗夏夜侍坐庭中，先師縷述變法之役及護國之役身所經歷者，往往至子丑交，一夕竟至東方之黎明。其大端，世人所已知，亦頗有世所未知，可為「野史亭」中真實之史料者，今濡筆追錄，以應曉峰先生督令拾遺之命。惜乎，丁此貞元絕續之際，中興開國之大業方艱，先師乃長齎「報國後時」之痛以歿，不獲再振其南海之潮音，龍象之怒吼，以號復我國魂！此則為弟子者言微而聲弱，文章報國，作戰不力，既有負於國家，亦愧對我師訓！固不獨望「西洲」而興哀，思橋公而腹痛也。

先師曰：「余在護國之役略前，腦海中絕無反日之種子，不但不反日而已，但覺日人之可愛可欽。護國一役以後，始驚訝發現日人之可畏可怖而可恨。『僧日』、『惡日』與『戒備日』之念，由微末種子培長滋大而布滿全腦。戊戌亡命日本時，親見一新邦之興起，如呼吸凌晨之曉風，腦清神爽。親見彼邦朝野卿士大夫以至百工，人人樂觀活躍，勤奮勵進之朝氣，居然使千古無聞之小國，獻身於新世紀文明之舞臺。回視祖國滿清政府之老大腐朽，疲癃殘疾，骯髒邋蹋，相形之下，愈覺日人之可愛可敬。狄平子詩『恰憐小妹深閨坐，短短眉彎自畫成！』即詠此境況也。

「當時日人甚愛我助我，嘗謂彼亦誠心希望中國之復興，與日本併立為強國，為黃帝後裔兩柱石，余亦深信彼等之語不虛也。故愈覺日人之可親。但有賀長雄既慫恿袁氏盜國稱帝，始覺日人之可惡，然而尚未十分深惡也。二十一條之提出，始深惡日人之幸災樂禍，損人利己，賣友打劫。然而知日本之『凶』，而尚未知日本之『毒』也。感覺日人之可恨可惡，而未知日人之可怖也。松坡既行，袁氏日夜派便警邏守吾門，余買通街頭膠皮車夫，與之易服夜逃。甫離津，袁氏已覺，殺其便警。嚴命其滬上邏犬捕予，期在必得，『務獲梁啟超，就地正法』之『上諭』已布，上連相片，較清廷尤密。予惴惴不知死在何處，但暗中如有天神護衛，化險為夷，逢凶為吉。獨自無僇，癡思妄想，豈真國運未絕，有天神呵護耶？則又啞然自笑。

「自是由津而滬而港，此疑謎終不能破。至港，日人始明目張膽助予，始恍然暗中護衛我者，非天神也，乃日本人也。由港至越，日本動員其官、軍、商、居留民、間諜、浪人全力以助余，雖孝子慈孫之事其父祖，不能過也。夫日人果何愛於余，何求於余，而奉我如此乎？在越南道中思之，不覺毛骨俱悚，不寒而戰。遂轉覺每個日人，皆陰森可怖！吾乃知擬日人以猛虎貪狼，猶未盡也，乃神祕之魔鬼也。我此後遂生一恍惚暗影，他日欲亡我國，滅我種者，恐不為白色鬼，或竟為矮人也。然吾乃永遠持『中國不亡論』著稱於世者，特我人戒備之對象，當在彼不在此。……」

先師之語尚繁，談徹通夕不寐者，即此事也。時為十六年新秋，濟南慘案尚未發生也。先師夏間家居，必脫襪，赤足，拖鞋。而日人官吏、新聞記者拜訪頻數。閽者報東客來，必蹙連呼「討厭討厭，又來保衛我了；可怕可怕」，每次必然，乃冠帶見客。東客去，急跣足如故。

戊戌之役，夜話時，亦不倦縷述，大體與世所聞者不殊，袁世凱賣主求官，鬻黨媚后，人人所習知。然寫近百年史者，以為袁氏之與聞康事，乃出於譚嗣同夜半之劫持，則不深悉曲折也。據先師所親述：「袁氏變法維新之見解，實出於自動，擁德宗以武力行政之計畫，實亦發動於袁氏，而絕非壯飛（譚氏字）所強迫。事後細思，乃知戊戌之際，袁氏即已潛伏取清廷而代帝之心矣。其用心深長細遠，吾輩純白書生，盡為所欺，至十餘年之久，真一世之奸雄也。袁氏初從吳忠壯公（長慶）於朝鮮，豪爽奔放，以一時人傑自命。時與馬相伯（良）、眉叔（建忠）、張季直（謇）……等新進名流，上下其議論，故欲強中國，革腐政之心，袁氏實不在人後，又眼見朝鮮為日人從其手中奪去，經此刺激，其愛國之心，實亦強烈而真摯，並不由於壯飛一席之語所啟發。

「惟自始至終，一『私』字橫亙於胸，必須將中國移為其袁氏之私產以後，乃極力整頓使成為富強；此所以身敗名裂，貽禍中國無窮也。南海先生（先師所稱）未變政時，袁氏深恐中國即刻亡，乃協謀變政。及變政略有端緒，又恐中國之強由翁、康、梁、譚，而已則為褊裨，故賣主而告密。及變政既已失敗，又恐大權在裕祿，而已則仍為褊裨，乃復推行新政於直魯，培實力而博民心，俟良機以倒清廷。事後推尋其線索，其稱帝之念，固已潛蓄於戊戌以前，一貫而未嘗變也。」

先師於生平死友中，最欽重瀏陽譚先生嗣同。述其赴義時忠烈之軼事，聞之眼濕。「大禍既迫，德宗央英使館護南海先生出京。然未央日使館也。時日人初行新政，一顰一笑，惟歐洲是效，以為歐洲之文明政治，有保護他國政治犯之舉也，亦欲在中國有所樹為，一以誇耀文明於歐人，一以樹勢力於中國政黨。時日駐京公使為林權助，事先已奉有相機保護政治犯之密令，至是乃自獻殷勤，戮力營救。先以綠呢大轎接壯飛至館。繼以綠呢騾車迎余。——時京中即在公使館亦尚未具有新式馬車也。——壯飛與余處日使館二日，日夜計畫營救皇上之策，及計算南海先生之行蹤。壯飛忽如有所省，一人入房中，闔戶甚久，出乃以一文件，命公使館役往投某衙門。笑謂余曰：『還須告他一狀！』余茫然不知所謂。壯飛終不肯言。事後都下忽甚傳譚某告發其子嗣同忤逆不孝，斷絕父子情誼，因得獲免連累。度當日之所為，即此事也。血熱而心細，身殉祖國，而老父獲全，未有如壯飛之壯烈也。

「日使林權助，飾其夫人之車，強余與壯飛離京，壯飛堅辭謝曰：『聞之西史，革命則無不流血者。中國革命之流血，請自嗣同始！』居使館三日，脫奔清廷自首，曰：『嗣同請以頸血洗滌中國之腐政！』遂斬於菜市。六君子成仁之日，予尚居東交民巷日使館，悲驚暈絕，又數日，林使強納余於其所預飾之夫人車中，外坐婢媼，衛士呵殿，揚言日本欽差大臣家眷回國，遂出京至津，直坐其兵輪赴日。」

先師遂連類而涉及富順劉先生光弟（第），曰「裴村，亦一至可歌泣之人也。裴村講朱子學，學黃山谷詩，皆深造。其持身精嚴清苦，為京官十餘年，寄居西直門外一小廟中，至死未嘗賃屋於城內。余與裴村非故交，疏往還，不知其身世之詳。因新政，始略與接觸。然每見之，肅然敬其為人。裴村一子亦至孝，臨斬，哭奔菜市，向監刑官稽首號慟，乞以身代父死，叩頭流血。不許。抱父首大哭，嘔血，不久亦以毀卒。孤臣孽子，哀動鬼神！」先師曰：「此事至今思之，猶酸我鼻。中國有如此志士仁人而不興，非天理也。」

先師述：「袁項城拒諫飾非，作偽術之巧妙，登峰造極，古今無可倫比。時帝制論已塵囂全國，馮華甫（國璋）自南京來津，邀余同往作最後之諫諍。華甫曰：『我之辯說遠不如子，子之實力亦不如我。必我與子同往，子反覆予以開道，而我隱示以力為子後盾，庶幾千鈞一髮危機可挽。』余諾之。乃盡一日夜之力，密草諫說綱要，至數十條，竭盡腦汁，凡可成為理由者，無不備舉，欲為垂絕之國運，億萬之生靈，打最後之一針。及二人聯翩至新華宮，項城聞吾等至，喜動顏色，酒酣，余正欲起立陳述，項城先笑曰：『二公此來，吾知之甚稔，乃欲諫我不做皇帝也。我反問二公，袁某欲作皇帝者，究思作一代皇帝而絕種乎？抑思作萬代皇帝而無窮乎？』

「余與馮愕然未答，袁又笑曰：『除非癡人，自然欲作萬代天子！』乃喟然歎曰：『我有豚犬二十餘人，我將盡數呼出，立於二公之前。任公！君最善知人，我即託任公代我選擇一子，可以繼立為皇帝者，可以不敗我帝業，不致連累掘我祖墳者，任公，待君選出以後，我再決定稱帝。如是或可稱帝二代！』余與馮四目相視，嗒然如傷，懷中萬言書，竟一字不出。袁諸子環立侍宴，幼小者乳媼繈褓侍，袁忽變作悲痛之容曰：『我如許豚犬，無一克肖，無一非庸懦紈絝，然父之於子，孰不疼愛，我雖怒此輩不肖，然仍不願因我造孽，他日為別人作魚肉烹殺也。我百年後，敬託二公善護之。』余與馮迄辭出，竟不能一提『帝制』字。」

因之而述及蔡將軍鍔，先師曰：「松坡，長沙時務學堂中齒最稚之學生也。時務學堂封，學生絡繹東渡，靜生（范源濂）與松坡家最貧，時我輩亡命客亦窮甚，無大力周濟，所以援之者至菲薄，松坡與靜生常衣囊中只剩日幣三數有孔銅圓，忍受數週至數月。靜生立志教育報國，余甚嘉之。松坡最瘦小，體極弱，必欲學陸軍，余百方規勸不肯聽，不得已任之。庚子漢口革命之役，佛塵（唐才常）已回鄂發動，余亦祕密返滬。時務學堂高材生林圭、李海寰……諸君，已隨佛塵在漢實際工作，久之不得佳耗，松坡隨余在滬，焦惶不安，請於余，親至漢探助，至漢，佛塵命返湘，乞助於黃澤生將軍。黃，老成練達材也。得松坡，即留之不放行；且大詬：『梁任公、唐佛塵無故犧牲有用青年。』松坡憤極，與之高聲抗辯，黃充耳不聞，強留之。余又不得松坡行跡，愈惶急，決親身赴漢。船票已辦就。因亡命不敢逗街埠，準時而往，則此船以貨少，早半小時啟錠矣。余大怒，頓足而罵。無何，漢口事發，張之洞淫戮我民族之志士，唐佛塵率其弟子林圭、李海寰等五人繼戊戌六君子之碧血，擲頭顱以貢獻其祖國，即世所稱庚子六君子者也。松坡以黃將軍之留，余以船期之誤，皆幸得免死。」先師又言曰：「唐瀏陽與譚瀏陽，血性之熱烈同，性格之卞急同，學問之幽隱僻奧同。《覺顛冥齋內言》與《仁學》，固有甚相似之點也。」

其昌於同門諸先進，尤欽服范靜生先生，真可謂「溫溫恭人」、「溫其如玉」者，每與范先生晤對，不覺鄙吝都消，有秋月冰壺，映澈照人之概。舉以告先生，先生笑曰：「汝以范靜生比黃叔度，良是，汝亦知靜生少時之況乎？雖謂之『小乞丐』不過也。繈褓喪父，與其弟旭東（范銳）由太夫人撫養，家赤貧如洗，弟兄拾野柴為生。以聰慧故，得入時務學堂，乃反以膏火哺母弟。當時已感動吾輩。靜生後矢志以教育救國。旭東矢志以實業救國。兄弟艱苦奮鬥，數十年如一，至今俱卓然有成。非偶然也。」

（原載一九四二年八月《思想與時代》十三期）

## 附錄
# 梁任公先生晚年言行記

中華民國三十一年十月三日，國民政府頒布褒揚先師梁任公先生明令。讀竟，泫然流涕。不見我先師音容，十五年矣。中原板蕩，神州瘡痍，我先師地下有知，必將縱橫走其老淚！幸而元戎神武，朝野同奮，中興大業，發軔方半，晨旭初升，炎靈在望，不待家祭之告，九原有知，又必且血湧神王，奮興無已，抱望無窮，長歌浩詠以鼓舞此偉績也。昔吾亡友張素癡（蔭麟）先生，以中樞未褒揚梁先生為遺憾，此在先師無遺憾也，其昌侍先師之日久，親見先師每飯未嘗忘國，其愛群忠國之懷，出於天性，非有所責報也。今中樞不忘前修，誦德報功，並且出於委員長蔣公萬機之餘所親提，海內忠賢之士，必更將聞風而興起。昔光武尊節義，敦名實，而東漢一代民族道德水準之高，為各朝冠，其效亦可以睹矣。曩吾在張曉峰先生（其昀），曾誇其昌撰〈梁任公別錄拾遺〉，當時促促，未竟所記，先生晚年之嘉言懿行，頗為外間所未盡知，其昌見聞真切，懼其日久而遂湮，長夜寥寂，濡筆而存之，倘足以警頑而立懦乎？

曉峰先生曾述及國父與先師合作，南海乃不肯與國父合作事，其昌亦曾從容舉此事以詢：「世俗所傳云云，究可信乎？」先師親答曰：「不然，中山（先師如此稱）與我甚厚，在橫濱，有一短時間，每宵共榻，此世人頗有知之者。外傳南海輕視中山不恤與之合作，皆奸人挑撥之詞也，最初，南海不甚了解中山，確係事實，後經日人平山周、宮崎寅藏、頭山滿……輩之奔走疏通，尤其犬養木堂（毅）之解釋為最有力，犬養翁漢學甚深，道德甚高，為南海與中山二人所共欽。經彼之解釋介紹，二人俱已渙然互信。其後不斷有奸人兩面挑撥，破壞合作。吾頗疑此種宵小，來自清廷，特南海環遊世界，而我蟄居日本，無由委曲詳盡進言耳。康孫最後破裂，聞在馬尼剌。孫屈己謁康，康亦欣然出迎，聞下至樓梯之半，有人阻康云：孫攜有兇器，此來實行刺也。康驚駭上樓，孫大怒而出。此事我非目睹，亦得之傳聞，大體或不謬也。犬養木堂聞此訊長歎，況在吾輩！然康實無輕視孫之意也。」

先師雖不及交蔣委員長，然對蔣委員長實中心欽慕愛護，此非其昌妄說，有一事可資確實證明也。十六年新秋，先師病體初健，甚喜。先師住宅右鄰，為中原煤礦公司，其屋乃先生之婿周國賢氏所有。先生興發，散步至公司庭中，其昌與廷燦兄（先生之侄）從。三人在花架下共坐一長籐椅，忽王搏沙先生匆遽入門（以下特用白話記），見先生，脫帽，搔其光禿之頭，大呼曰：「好戲！」先生笑曰：「什麼好戲？」、「蔣介石下野了！」、「真的嗎？」梁大驚，擲其半枝雪茄突然起立以足怒踏之。「這還能假！」王隨答隨摸菸盒，以一雪茄授梁，以一自抽。梁頹然坐，王亦對坐。「這還了得！這不得了！真不得了！」梁皺眉蹙額，連連諮嗟。

「敢問先生，有何不得了處？」王故作滑稽，以戲中人聲調相問。先生不答。少頃，歎一長氣，「唉！中國真要亂到幾時呢？我這一生，還能眼見中國太平嗎？還能眼見中國再興嗎？我望了幾十年，想中國再興，現在看來，中國再興的時候，我決然已死了！」王此時面貌亦肅然，「先生病剛好，怎麼這樣悲觀。早知如此，不告訴你。」梁仍不答，一人自歎自說：「共產黨笑我不徹底。我自己知道，誠然不徹底。我只望國家早日地『再興』。國家的元氣，再不能斫喪了，人民的苦痛，再不能不解除了！內戰決須要停止；統一決須要實現。先頭，我甚至於癡癡的希望吳子玉，好，給你們趕跑了。現在你們又要鬧翻姓蔣的！你們與中國究竟有什麼樣的深怨死仇，一定不讓它統一再興！」

王窘極，以滑稽語調作答：「先生息怒，我姓王的不要鬧翻別人。」梁不自然地微笑：「對不起，自然不是說你們——你和子馨、廷燦。我有點憤激，好像在罵你們——其實，蔣某人我沒見過一面，不過凡是少年英雄（當時華北盛傳蔣總司令為『少年英雄』，故先生云云），我總覺得是可愛的。我愛少年。我為繼起有人而喜。搏沙！正經請你講講這經過的詳細。到底哪裡得來的消息？不要又上了東洋人造謠的當。」

王於是略述蔣總司令那時下野赴日本的經過。先生聞蔣赴日本，突又起立厲聲說：「老天！危險透頂！松坡不到日本絕不送命！松坡有統一中國的資格。天知道，東洋醫生給他打了什麼藥的針，就一命嗚呼！蔣到日本幹嘛！糊塗！沒有人提醒他一聲。糟透！糟透！」先生面如土色。其昌乃起立曰：「先生的見解實在是對的。但我永遠有一種迷信，天佑中國，一定會有賢者起而統一。蔣總司令應該就是。先生可休息了，我和燦哥出去打聽確實消息報告。」

因與燦兄扶先生歸臥，先生回時足疲須扶，當夜便血復發。醫生大驚，明明已痊癒，何以復發如此速而且猛！又臥床不起者近兩月。據此事，先生心中愛護蔣公之真誠，於不知不覺間畢露矣。

國民革命軍近京畿，其昌適返杭，為五妹締婚，故濟南慘案時，先師悲痛之狀，不獲親見之。傳聞先生有再度出國避難之說，即北上謁見，告以「先生如出國，其昌將再赴廣西」。先生曰：「余對祖國，可告無罪。國人如諒余，余絕不離祖國懷抱。如一時真不見諒，余無力赴美，將暫赴朝鮮隱居，汝能從我乎？」其昌答：「友人邀回廣西任省視學。然朝鮮崔致遠之文章，李退溪之理學，亦何異乎中華，慕之久矣。且先生有命，自當隨侍。」先生曰：「然。余至朝鮮，擬作朝鮮理學史，或朝鮮學案，汝可助我。」無何，先師病篤，七百年來朝鮮理學之淵源，遂任其若存若亡，國人雖通學，亦無有肯注意之者矣。惜哉！使先師而老壽，其功績絕不在黃太沖（宗羲）之下也。

先師急公忘私之德行甚高，非弟子阿諛，有一事實，述之足為末俗所師效。十五年夏，教部聘先生任京師圖書館館長，而經費涓滴全無。初時挪用昔年館中儲積寒微之小款，先生捐館長薪不取以維持。至冬，此餘瀝亦乾，館中無煤升火，無紙糊窗，余入之，冷風颼颼，乃如殯舍（時尚在方家胡同）。先生亦不裕，乃慨然將其本人五萬元之人壽保險單，向銀行押借、發薪、生火、糊紙，館中人皆騰歡，暖如挾纊。此事徐森玉（鴻寶）先生亦常常對人稱頌先生以私濟公之美德。以私人生命之代價，濟國家公共之文化，余至三十八歲，尚僅見先生一人而已。故特表而出之。污官墨吏聞此事，良心亦有所感動否乎？

先生建設國家文化事業之熱心，乃出於天性。可為吾輩之模範。北平圖書館充實完備，莊嚴矞皇，得呈今日之偉觀者，大半出於先生之苦心擘劃，經營創始，並由於任用袁守和（同禮）先生之得人。此世人所周知也。將其平生積聚之圖書金石十餘萬件，悉數交呈國家，今陳列於北平圖書館，此亦世人所周知也。有一事，關係民族文化甚巨，先生苦心努力作成之，私心者因私破壞之，而最後卒告失敗，遺恨無窮。然世從未有知者，余特以董狐直筆揭破之。

聊城楊氏海源閣之宋刊書，此國家之文化重寶也。使在日本，即價值較此低十倍者，亦早經政府指定為「國寶」矣。乃北洋軍閥，昏瞶不知，二次兵匪滋擾，使楊氏較次之善本，若元刊明鈔，損失不少。其宋刊精華，由一年老之夫人，死力維護，得以救出，攜之天津，邀索高價。廠肆書估有藻玉堂王某者，密得風聲，渴思成此買賣以收大額傭金。此估素走先師門牆，乃報告先師。先師大喜，欲為國家永保此國寶。一面獎勵王估，使其效力，一面邀集京津名流，共襄盛舉。楊氏老夫人索價二十餘萬元，往返折衝，舌敝唇焦，又勉以「愛國」大義，最後始講定七萬元成交，包括宋刊四經四史，及宋刊《莊子》、《王右丞集》等約數十種，全部在內。此價實不稱貴。

但北平圖書館部門弘大，每一部門購書之費遂不能不嚴受時間限制。「善本書」一部門，不能立時提出七萬元之鉅款，時葉譽虎（恭綽）先生亦極熱心公眾文化，乃與先師共同宴客於梁宅，當時商定分為十股，各人認借，由北平圖書館按期攤還。北平圖書館先認二股，先生認一股，譽虎先生認一股，傅沅叔（增湘）先生認一股，周叔弢（暹）先生認一股。時北府首相潘復，欲求歡士林，自告奮勇，願認三股或四股，託葉公轉告，事垂成矣。越二日，會中某巨公愛古成癖，不能忘情於宋刊《王右丞集》，喚王估來，密告以欲將王集除外另售，王估難之。某公遂倡言：「梁任公、葉譽虎皆好好先生，不懂市價，易受人欺，如此批書價，何至值七萬金之巨耶。即四萬金可了，已微貴矣！」楊氏老夫人聞之，憤極，遂解約。

王佔乃哀訴巨公：「為此事，往來京津舟車旅店費，已賠三百金矣。商小民，非諸大人比，無錢補貼！」某公斥其癡，曰：「若持《王右丞集》來，此區區三百金，吝不賞汝耶！」後聞《王右丞集》，竟歸於某公，恐今又歸日人矣。楊老夫人空抱遺書，善價難沽。越數年，聞以十八萬金售於張漢卿（學良）將軍，而九一八烽火踵至，又不果成。使此國族重寶，不得歸於國家永保者，某巨公「私」之一念之所賜也。

先師好獎揚人善，而自處謙卑，於弟子輩如此，於同時友輩亦如此。教授清華研究院時，先生之齒，實長於觀堂先師（王國維），褎然為全院祭酒，然事無巨細，悉自處於觀堂先師之下。此外對於陳寅恪師、趙元任師、李濟之師、梁漱溟師，亦皆自持撝約請教之態度。寅恪師稱先生為「世丈」，而先師推重陳師，不在觀堂先師下也。觀堂先師從屈原遊，先生為之請於當局者至再，終至見格。先師益吒無聊，命其昌輩推舉良師。其昌代達諸同學意，推章太炎（炳麟）先生、羅叔言（振玉）先生。先師歡然曰：「二公，皆吾之好友也。」

先生尤惓念章先生，嘗一人負手，盤走室中，忽顧予曰：「子馨，汝提起太炎，好極！使我回憶二十年前在日本時，吾二人友誼，固極厚也。太炎而今亦老矣，如肯來，當大樂！因汝一提，使我此二三日來，恒念太炎。」其昌因奉校命，北走大連，謁羅先生於魯詩堂。南走滬，謁章先生於同孚里第。章、羅二先生固昔嘗請業問學，特未展弟子之贄耳。初時羅、章二先生均有允意，章先生撚其稀疏之鬚而笑：「任公尚念我乎！」且有親筆函至浙，報「可」。然後皆不果，羅先生致余書，自比於「爰居入海」，章先生致余書，有「衰年懷土」之語（二書憶尚保有於北平）。

其後校中聘馬叔平（衡）先生、林宰平（志鈞）先生，則先師已歿矣。先是余每至滬，必謁章先生，至津，先生必問：「在滬見菊生（張元濟）、太炎乎？太炎與汝談何學？」其昌答：「菊生先生之德性、太炎先生之學問，皆使其昌終身不能忘。章先生偶與其昌談及《易．說卦》『其於人也為宣發』，其昌言『宣發即寡發，王伯申《經義述聞》曾言之。』章先生謂『此說是。證據在《北齊書》。』即背誦《北齊書》某人傳如流。前輩讀書之博而且精如此，雖欲不衷心欽服不能也。某次，與章先生談及明清思想源流，章先生曰：『戴東原思想，出於明之羅整庵。』其昌大驚，此非將《整庵存稿》、《困知記》、《原善》、《孟子字義疏證》等書釀熟胸中，而透視其背，絕不能出此語也。故其昌對靜安、太炎二先生之學問，乃衷心佩服，非震其名也。」先師為之首肯者久之。

先師養痾津門，故舊往來最密者，丁在君先生（文江）、范靜生先生（源濂）、胡石青先生（汝麟）、江翊雲先生（庸）、余樾園先生（紹宋）、熊秉三先生（希齡）、張伯苓先生（彭年）、林宰平先生（志鈞），次則張君勱先生（嘉森）、蔣百里先生（方震）、胡適之先生（適）、徐君勉先生（勤）。此四先生常在海外，返國始見。若葉譽虎先生（恭綽）、周季梅先生（詒春）、藍志先先生（公武）等，則有事始至，不常來（人甚多，已不記憶）。曾慕韓先生（琦）亦曾來問疾。

其昌於上述諸名公，除胡適之先生，先已請謁外，其餘皆因侍先師，始得捧手請益者也。百里先生，我同里，且吾先姑丈之遠族弟兄行也。然未嘗見一面，直至在先生家始識。志摩表兄本與先師最密，彼時在印度，故僅一至。弟子侍者，其昌及興國姚顯微（名達）、永嘉劉子植（節）。此諸名公，或在或逝，其風采言論，有足為世表率，傳嘉話，培良風，因述先師而連類記之。

今之文藝作者，揚惡而隱善，務訐人之醜而掩人之美，以毒罵痛詆挖苦揶揄為能事，建文藝之基礎於糞穢上以自豪。病態乎，健康態乎，非余所知也。餘則略記本人當時之印象：丁在君先生威儀修飾，捲鬚膏髮，衣折整挺，儼然英格蘭之卿大夫也。崇科學，尊理智，講條理，重分析，是其長也。在君先生語余，其少時亦曾讀宋明理學書，此為世人所絕不知也。且親語余：「對於『無鬼論』之概念，不信『靈魂不滅』之說，最初自宋儒，後學科學，而此種信念乃得證實。」先師述：「在君為淞滬商埠督辦時，薦函數百封，不任用，亦不拒絕。但將函中所述各人技能專長，分類分組保存，遇某事需人，依其技能，按類分組索閱，再行徵求。其無處不玩『科學把戲』，至於如此。」

一夕，在君先生戲問予曰：「請問專家：郭沫若將《大學》『苟日新，又日新，日日新』，改為『兄日辛，父日辛，且日辛』。此說，子以為然否？」余曰：「此至確不易之說也。郭此文投《燕京學報》，燕京託予審查，予讚歎絕倫，極力推薦。刊時即由予代校。」丁先生笑曰：「我於金文甲骨，全為外行，然此說亦知其然也。」張君勱先生，誠懇忠厚，熱情磅礴，終身以斐希忒自命，鼓吹復興不倦；又為德哲人奧伊鏗弟子，而對於宋明先賢學說，熱烈服膺提倡者。范靜生先生德性淡泊寧遠，恬靜和易，態度極溫，語言極寡。喜生物學，即在先生家中，亦最喜至院庭中細觀花木草樹姿態生意，把玩研味。熊秉三先生天真，雖長鬚垂胸，而開口大笑時，尚有孩子遺態。胡石青先生敏銳而透切。江翊雲先生靜穆。其尊公叔海先生（瀚），余屢嘗請謁於方家胡同。豪爽闊達，老而彌壯，高談放歌，聲震梁塵，與吾輩少年情緒投合。翊雲先生與父風固殊焉。

張伯苓先生開廣而又堅毅。蔣百里先生深刻而沉鬱。徐君勉先生真摯而誠懇。余樾園先生與吾輩最稔，在先生家往往解衣磅礡，揮毫作畫。寫巨松圖，長二三丈，元氣充沛，以贈先師，先師題以長歌，以自厲晚節焉。又各贈吾輩以畫幀畫扇，遍及諸弟妹，人人歡舞叫笑，極人世至樂。自今觀之，樾園先生之畫，骨種神雋，與南宋浙派之馬（遠）、夏（圭）殊，與明代浙派之戴（進）、朱（端）殊，與清代浙派之鹿床（戴熙）、鶴齋（趙之謙）更殊，殆得力於黃大癡（公望），而又發揮其俊朗明爽之個性者歟？

樾園先生，吾浙派畫苑之別子亢宗也。亦時時以其所珍藏，請先師題跋，余尚記有黃石齋（道周）潑墨山水，蔣山傭（即顧炎武）手書詩卷等。又有粵人羅原覺，常攜唐宋珍貴名跡來共賞。今日本影印流傳之北宋武宗元筆《朝元仙仗圖》長卷真跡，余早在梁宅羅氏攜來時見之，真感覺有「五聖聯龍袞，千官列雁行，冕旒俱秀發，旌旆盡飛揚」之氣象。余對於中國寶繪欣賞之興趣，最初即培基於此時。

先師《飲冰室全集》，除各種專著外，即單以文體言，包含之廣，體例之雜，真古今罕見。先師嘗自言：「吾笑俞蔭甫（樾）《曲園全集》體例之雜，乃下至楹聯、燈謎、牙牌、酒令……都吝不肯芟。吾他日之集，毋乃類此。」故今日宰平師所編之《飲冰室合集》楹聯以下盡刪不錄。然先師挽靜安先師聯；及壽南海先生七十聯，則具昌不敢忘也。記之以為文集拾遺。挽王靜安先師聯云：「其學以通方知類為宗，不僅奇字譯鞮，創通龜契；一死明行已有恥之義，莫將凡情恩怨，猜意鵷雛。」上聯能見王師學問之真價值所在。下聯曲折表達王師純潔之節操。真王師地下知己也。羅叔言先生誤認為其昌代作，擊節稱歎不已。其實此聯乃出先師自作也。壽南海先生七十聯云：「述先聖之玄意，整百家之不齊，入此歲來，已七十矣；奉觴豆於國叟，介眉壽於春酒，親受業者，蓋三千焉。」全聯均集《史記》、《漢書》，及《鄭康成集》原文而成，又切合於康先生之學問及地位，工穩妥帖適合如此，真難能可貴也。

其後，康先生卒於青島，北京學界開追悼會於松筠庵（明楊椒山先生故宅，康氏第一次上書變法之集合地）。其昌集經典成語為輓聯云：「大道之行，天下為公，有王者必來取法；群言淆亂，折衷諸聖，微斯人吾誰與歸。」以篆文書之。先師遍獎於京中，譽為所有輓聯第一。且謂余曰：「惟我之壽聯，略堪與汝聯抗衡！」先師自居約而獎飭後學之熱情，至有如此者。先師易簀，其昌悲痛過分，幾至不能為文聯，後乃節取先師詩句，不敢更易，裁成為聯云：「報國惟恐後時，獻身作的，天下自任；著論誓移舊俗，新知牖學，百世之師。」庶幾先師以身殉國，不辭矢的之犧牲熱情，以及開拓新知，文章革命之豐功偉烈，得萬一之表見焉。

獻身甘作萬矢的，著論求為百世師。
誓起民權移舊俗，更將哲理牖新知。
十年以後當思我，舉國如狂欲語誰。
世界無窮願無盡，海天寥廓立多時。

平生惡作牢騷語，作態呻吟苦語誰。
萬事禍兮福所倚，百年力與命相持。
立身豈患無餘地，報國惟恐或後時。
未學英雄先學道，肯將榮悴校群兒。

此先師三十餘歲，亡命日本時所作律詩二首，中華民國十五年夏，手書之，以賜其昌者也。犧牲悲壯之熱情，救世愛國之弘願，高尚純潔之懷抱，清醒鮮新之頭腦，勇邁前進之精神，少年激昂之沸血，湧溢楮墨間。今日背憶誦之，猶不自禁熱淚之奪眶也。弟子不敏，請事斯語矣。

「三年請業此淹留，二老凋零忽十秋，感激深於羊別駕，哀歌隕涕過西洲。」此其昌所作〈二十五年故都雜詩〉之一——清華園過梁、王二先生故宅詩也。附書之以殿此文。

（原載一九四二年十二月三十一日《中央週刊》第五卷二十一期）

附錄

# 讀吳其昌撰《梁啟超傳》書後

陳寅恪

任公先生歿將二十年，其弟子吳子馨君其昌，始撰此傳。其書未成，僅至戊戌政變，而子馨嘔血死。傷哉！任公先生高文博學，近世所罕見。然論者每惜其與中國五十年腐惡之政治不能絕緣，以為先生之不幸。是說也，余竊疑之。嘗讀元明舊史，見劉藏春、姚逃虛皆以世外閑身而與人家國事。況先生少為儒家之學，本董生國身通一之旨，慕伊尹天民先覺之任，其不能與當時腐惡之政治絕緣，勢不得不然。憶洪憲稱帝之日，余適旅居舊都，其時頌美袁氏功德者，極醜怪之奇觀。深感廉恥道盡，至為痛心。至如國體之為君主抑或民主，則尚為其次者。迨先生〈異哉所謂國體問題者〉一文出，摧陷廓清，如撥雲霧而睹青天。然先生不能與近世政治絕緣者，實有不獲已之故。此則中國之不幸，非獨先生之不幸也。又何病焉。

子馨此書，敘戊戌政變，多取材於先生自撰之《戊戌政變記》。此記先生作於情感憤激之時，所言不盡實錄。子馨撰此傳時，亦為一時之情感所動盪。故此傳中關於戊戌政變之記述，猶有待於他日之考訂增改者也。

夫戊戌政變已大書深刻於舊朝晚季之史乘，其一時之成敗是非，天下後世，自有公論，茲不必言。惟先生至長沙主講時務學堂之始末，則關係先世之舊聞，不得不補敘於此，並明當時之言變法者，蓋有不同之二源，未可混一論之也。

咸豐之世，先祖亦應進士舉，居京師。親見圓明園干霄之火，痛苦南歸。其後治軍治民，益知中國舊法之不可不變。後交湘陰郭筠仙侍郎嵩燾，極相傾服，許為孤忠閎識。先君亦從郭公論文論學，而郭公者，亦頌美西法，當時士大夫目為漢奸國賊，群欲得殺之而甘心者也。至南海康先生治今文公羊之學，附會孔子改制以言變法。其與歷驗世務欲借鏡西國以變神州舊法者，本自不同。故先祖先君見義烏朱鼎甫先生一新《無邪堂答問》駁斥南海公羊春秋之說，深以為然。據是可知余家之主變法，其思想源流之所在矣。

新會先生居長沙時，余隨宦巡署，時方童稚，懵無知識。後遊學歸國，而先君晚歲多病，未敢以舊事為問。丁丑春，余偶遊故宮博物院，見清德宗所閱舊書中，有《時務學堂章程》一冊，上有燭燼及油污之跡，蓋崇陵乙夜披覽之餘所遺留者也。歸寓舉以奉告先君，先君因言聘新會至長沙主講時務學堂本末。先是嘉應黃公度丈遵憲，力薦南海先生於先祖，請聘其主講時務學堂。先祖以此詢之先君，先君對以曾見新會之文，其所論說，似勝於其師，不如舍康而聘梁。先祖許之。因聘新會至長沙。

新會主講時務學堂不久，多患發熱病，其所評學生文卷，辭意未甚偏激，不過有開議會等說而已。惟隨來助教韓君之評語，頗涉民族革命之意。諸生家屬中有與長沙王益吾祭酒先謙相與往還者。葵園先生見之，因得挾以詆訾新政。韓君因是解職。未幾新會亦去長沙。此新會主講時務學堂之本末，而其所以至長沙者，實由先君之特薦。其後先君坐「招引奸邪」鐫職，亦有由也。

自戊戌政變後十餘年，而中國始開國會，其紛亂妄謬，為天下指笑，新會所嘗目睹，亦助當政者發令而解散之矣。自新會歿，又十餘年，中日戰起，九縣三精，飆回霧塞，而所謂民主政治之論，復甚囂塵上。余少喜臨川新法之新，而老同涑水迂叟之迂。蓋驗以人心之厚薄，民生之榮悴，則知五十年來，如車輪之逆轉，似有合於所謂退化論之說者。是以論學論治，迥異時流，而迫於時勢，噤不得發。因讀此書，略書數語，付稚女美延藏之。美延當知乃翁此時悲往事，思來者，其憂傷苦痛，不僅如陸務觀所云，以元佑黨家話貞元朝士之感也已。

乙酉孟夏（1945）青園病叟陳寅恪書

（載於《寒柳堂集》）

# 梁啟超傳

毛以亨　著

# 張序

張君勱

一國人民從事於政治活動也，不能無相反之見解，其從遠處、大處、寬處、原處著眼者，雖相反而可以相成，如義大利建國時代加富洱氏之主君主，瑪志尼氏、加里勃爾氏主共和，如日本維新時代藩閥之主尊君，大隈氏與阪垣氏之主政黨政治，乃至如英國昔日保守與自由兩黨，今日保守與勞動阿黨之對峙，雖相爭之中，而各有其相容相讓，以防萬一之破裂而陷國事於不可收拾，反是者其但知有爭，各標新異，吹毛求疵，甚至造謠毀謗，認為不共戴天之仇者，其激烈心理，形成門戶偏見，朋黨阿好、決不足語夫建國，其終也大盜乘之，弄欺騙之技術，徇群眾之好惡，以奪取政權為目的，而政治上公道是非，初不復顧及。嗚呼，此非吾國革命派、立憲派、北洋派三敗俱喪之餘，共產黨得以仰首伸眉禍國殃民之可引為鑒戒者乎。

吾嘗本此觀點以審察民國前後之政象，而以亨香港書來，告我以梁任公傳之寫成，乃令我追憶革命派、北洋派之敵視任公，而感不絕於吾心矣。任公先生一生所為，誠有前後矛盾，如其自言不屑以今日之我與明日之我宣戰者然，正以此故，任公先生之目的為革新、為進步、為現代化。試問《新民叢報》初期之排滿論與新小說之《中國未來記》，非中華民國稱號之第一人乎，《新民叢報》中之獨立，自尊自治之議論等，非十九世紀以來自由主義在吾國之倡導乎？先生中國學術思想演進，新史學與闡發墨子之新觀點，非胡適之之《中國哲學史》與新學運動之所自來乎？乃至幣制，憲法政黨之研究，與笛卡兒氏、康德氏之學說，何一不經先生介紹而來自西方者乎？先生之文章條達，異於太炎之古奧，先生說理委曲詳盡，異於南海之沉鬱，先生富於情感，筆鋒所至，青年隨之轉移。自戊戌前後迄於先生之歿，四萬萬人之心思方向，非先生獨使之或新或舊，或東或西之左右其間乎？自義和團亂，清廷不足有為，已洞若觀火，然先生深憂內亂延長，足以招致外患，時則有「革命雖成滿蒙必失」之讖語，乃倡為立憲之議，期於政治改革而國體不易，因此引起《民報》《新民叢報》君憲與共和之論戰。

先生之同志奔走於國會請願與各省諮議局之籌備以樹憲政規模。此為歐西各國中君主派之立場，初不足奇，然在吾國則目為保皇為效忠韃虜。然吾國革命之成功，苟無立憲思想之灌輸，則憲法與自治之觀念何自而來。苟無各省諮議局之成立，則各省都督與民省長之選舉何自而來。此則民國之成，持共和論者固有大勳，其持立憲論獨無勞績可言乎？然先生初不伐其功，惟竭盡忠誠以愛護民國為事，討袁與復辟之役，所以使搖擺欲墜之國基得以暫安者先生之力也。義大利建國有三傑之說，如先生者獨不足為民國建國諸傑之一乎？然革命派不忘東京時代兩派對峙之舊恨，而於先生後來扶植民國之功，絕不揄揚。先生之為新派革命黨之所仇既已如是矣。舊派之北洋軍閥如何？先生於馬廠起義後段氏挽之入閣，一度身為財政部長，然先生之同志戴戡、羅佩金為川軍閥劉存厚所殺，先生要求內閣懲辦，段氏置之不理，乃與湯濟武等辭職以去，且遠赴歐洲矣。

法政府早知先生為倡議對德宣戰之第一人，巴黎新聞協會於招待美國威爾遜總統之後，以招待先生繼之。繼聞和會各強有交青島於日本之決議，乃向吾代表建議不簽字之說。自先生赴歐之日，早知護國政治混亂之將屆，其同志任封疆之寄者，如蔡松坡因洪憲戰役憔悴以死，湯覺頓等死於海珠，戴氏、羅氏死於川閥之手，此皆平日困難相從而又能為國家熟籌利害之人，不幸數年中相繼殂亡，於是先生決心遠離政治以講學終其身矣。自此之後領導民眾者專以搶奪政權為念，叫囂躑躅，南越北胡，雖引外人以覆宗邦，亦所不惜，此則今日共產黨之禍根早伏於此矣。嗚呼國家大器也重器也。政策之利害得失，常有相反之兩面，惟深思熟慮，平心靜氣，婉轉曲折以求之者，不顧己利，不獲持群眾，然後真能本國家立場，為人民打算。此吾人在退出大陸之日，追念先生對於吾國之功績，應表而出之者也。

# 自序

老實說，我是不足以知任公的，若謂詳其生平，傳其遺聞軼事，以供士林之佳話，則我不如其家屬與故舊。至述其歷次政治運動之經過，以為後來修史者之採擇，則以參預其事者，所言較為親切，而我則沒有預聞過一次。又如論其思想之變遷，學術之成就，則清華研究院諸人，皆親炙於任公甚久，傳經之任，似屬於他們。無論從那一方面講，我是不適宜於傳任公的。

我與任公，在民國七年（一九一八）赴歐船上認識，朝夕相處，不過同船之五十日。一九一九年在巴黎，雖時有過從，但交換意見之機會不多。他是已經成名的人，我則方開始讀書，彼此之地位不同。我方銳意於進取，他則正欲退而著書，彼此之心情互異。他始終是漸進的改良主義者，顧慮極多；我那時方浸淫於社會革命之說，嫌國民黨之主張，還太溫和，彼此之主張又相反。此等枘鑿之情，不特不能對任公增加瞭解，反而以增加不瞭解之成份為多了。

回國以後，擔任各大學「中外關係史」講席，幾二十年，始認任公為對現代中國影響最大之人。乃取歷史背景，任公主張，及當年回憶相結合，而開始瞭解任公。覺得其人為書生本色，而大智若愚，能以天下為己任，誠不愧為大政治家。說他是書癡、是學者、是政客、是政論家，都是袁世凱嘍囉們曲學阿世之一脈相承的糟塌他的話。他的做學問、寫政論，都是做政治家的預備工夫。民國初年他曾做過擁有三百國會議席之進步黨黨魁。我想如以兩黨政治為民主原則，必不吝予任公以政治家之地位的。

更奇怪的，任公雖昌言反對革命，而實為革命家。我的解釋，改良派倘以請願協商為最後手段，一定沒有力量，而當局必然不會答應。故請願不成的出路，必為革命。可以說請願為合法行動，而革命為直接行動，兩者須交相為用，始配稱政治運動；否則上呈文而已，何需於群眾，更何有於示威？故改良派倘沒有革命手段，而只是改良，則最後亦必連改良之主張而拋棄之，不至變為磕頭蟲的官僚政客不止。試就中國近百年史觀察之，當年叱咤風雲之士，其終於墮落者，滔滔皆是。戊戌之變，庚子之自立軍起義，豈非掛著保皇招牌，而骨子裏頭幹著革命運動嗎？護國討袁之役，豈不是表裏如一的革命運動嗎？如說任公此舉，尚不配稱為革命，則我們真要自承，不懂什麼才可稱為革命了。

任公不僅實行革命而已，且亦曾在文學上，鼓吹革命排滿。此種文字，除見於《新民叢報》、新小說外，尚有一種雜誌，名《中國秘史》，與孫中山先生合辦，一共出了兩期，專言宋明亡國與洪楊遺事。其在《清議報》所載，最富革命性的文章，莫如〈少年中國說〉。殆欲否定既往，抹殺老年人的一切，非革命之情緒而何？其言略曰：「欲言國之老少，請先言人之老少。老年人常思既往，少年人常思將來。惟思既往也，故生留戀心；惟思將來也，故生希望心。惟留戀也故保守，惟希望也故進取；惟保守也故永舊，惟進取也故日新。惟思既往也，事事皆其所已經者，故惟知照例。惟思將來也，事事皆所未經者，故常常破格。老年人常多憂慮，少年人常多行樂：惟多憂也故灰心，惟行樂也故盛氣。惟灰心也故怯懦，惟盛氣也故豪壯。惟怯懦也故苟且，惟豪壯也故冒險。惟苟且也故能滅世界，惟冒險也故能造世界。老年人常厭事，少年人常喜事：惟厭事也，故常覺一切無可為者，惟好事也，故常覺一切無不可為者。」

這篇文章，五十年來各種版本的小學國文教科書都選入的，所以沒有人不讀過。這是十足表現任公之衝決羅網的少年精神，直至晚年，此等豪邁之氣，迄不稍衰。任公又稱有百歲之童，有三歲之翁。故其本意不在恭維少年人；而在鼓勵少年氣概，以期造成少年中國。

故結論曰：「梁啟超曰，造成今日之老大帝國者，則中國老朽之寃業也。製出將來之少年中國者，則中國少年之責任也。彼與此世界作別之日不遠矣，而我少年乃新來而與世界為緣。……少年智則國智，少年富則國富，少年強則國強，少年獨立則國獨立，少年自由則國自由，少年進步則國進步，少年勝於歐洲，則國勝於歐洲，少年雄於地球，則國雄於地球。紅日初升，其道大光，河出伏流，一瀉汪洋。潛龍騰淵，鱗爪飛揚，乳虎嘯谷，百獸震惶，鷹隼試翼，風塵吸張，奇花初胎，矞矞皇皇，干將發硎，有作有芒，天戴其蒼，地履其黃，縱有千谷，橫有八荒，前途似海，來日方長。美哉我少年中國，與天不老！壯哉我少年中國，與地無疆！」

這是一首歌詩，可作少年之勵志詩讀，可作少年中國之頌讚讀，並且亦可作為任公之自箴讀。今引於任公傳序中，殆欲以之作為少年叢書之總序讀，蓋鼓勵少年，任公此文實最酣暢。此文撰於光緒二十六年（一九〇〇年）庚子，任公方三十歲，適在唐才常起事以前。故其革命性之重，與爆炸性之烈，到了無以復加的程度。任公自稱其勉為壯語，故其他諸文皆一樣的豪壯。至其行事的勇往直前義無反顧，尤為人所稱道。

任公的言行，皆足以鼓勵青年，可惜我這枝禿筆，未能狀其豪情於萬一。不特有負任公之友誼，抑亦重違青年之期望。但如青年們的觀點和我一致，同視任公為政治家與革命家，則已得其所以自勵之道了。我以闡明事實為限，無取乎文字渲染之末，以有玷任公。本傳的材料，於已發表者則應有盡有，而於未發表者，為前輩之口說，亦相當的多。鑑定而排比之，經六閱月，尚未能成一字。蓋撰此傳，全以敬恭寅畏之情出之，較王湘綺齋戒沐浴作《湘軍志》以述曾國藩之心情，實無二致。但學殖久荒，其不足副大家期望之殷，則殊有自知之明，尚幸大雅君子，不吝正之而已。是為序。

# 一、緒論

## 改革者的方法論

十九世紀老朽昏庸，搖搖欲墜的中國，已變為少壯熱烈，動亂不已的中國。無論為好為壞，總是完全地整個地變了。變是全社會之力，決非個人一手一足之力所能有濟。但首先提倡全變者為康梁，而欲將老年中國變為少年中國者，是梁任公。現已依其所指之趨勢以變，故不能不歸功於他們。但有政治勢力的李鴻章、張之洞、赫德、榮祿，皆有意於改革政治，而絲毫改不動。負學術重望的馬良、嚴復，亦有意於改進中國文化，仍絲毫變不了。反使政治無力量，而學無根柢的青年梁任公，不斷的大聲疾呼，謂政治文化都要變，全國人即起而響應，果然變過來了。這是什麼原因呢？因為他有方法！

其方法為先立一理想，然後再以各種步驟，以期其理想之實現。如憲政國家為其理想，中華民國便是依其理想而實現的制度；而宣傳、請願、革命皆其所需之步驟。如果先沒有憲政國家的理想，亦決不會產生中華民國的國會制度。這是以思想決定存在的方法，中國文化固由此道，西洋文化之正統，亦不外此道。只唯物史觀，認存在決定思想，然這是野狐禪，甘心屈服於環境之下，殊非創造時勢之英雄。

其所創立之思想非新不可，要新得超過現實兩三步，始有實現之希望。例如政體分專制、立憲、民權、革命四階段。我們時在專制時代而目的要立憲，但僅說立憲還不成，必須超過立憲，而談民權與革命。人們雖竭力反對，但對立憲之反對，就比較緩和，而能加以考慮了。各國憲政運動的成功，多賴此種矯枉過正的手法，與要價還價的作風。但在中國，以缺乏調和精神，故立憲不成功，反而所鼓吹之民權與革命成了功。不過任公不如康南海，他是不反對民權與革命的，總算其求新之目的，終於達到了。

中國人向來想法，是尚舊而不尚新的。所謂新政新學，都是對王莽的貶詞；而任公則頌揚王安石。朱子以舊學新知並舉，言新而不廢舊。康梁名其黨曰維新黨，採「周雖舊邦，其命維新」之義，亦是新從舊出的意思。惟任公一味的提倡新，而且同時亦排斥舊，並以思想界之陳涉自命。他自署為新史氏，創造新名詞，建立新政體，以中國國民為新民，而名其報為《新民叢報》。全國從而效之，冠新字於一切名物之上，以示其高不可攀，與遠不可及。此後幾以新字代表好字，以舊字代表壞字。於是新青年、新思潮、新文學、新社會、新民主、新教育、新上海、新東亞，諸如此類更僕難數之新招牌，掛遍全國，幾如一陣狂風，吹倒舊世界。不過，我們倒要究問任公的本意，果是只要新，而對舊思想、舊文化，認為絕無一顧的價值，而竟完全不要嗎？

任何人亦知其不然。因為任公最大的工夫，還在整理舊文化上。不過對於思想之內容，任公是主張全新，而選擇西洋文化來充實的。惟既云選擇，內心即不能無衡量之標準，以定其好惡與取捨。我們既為中國人，只有用中國人之心來忖度與衡量了。任公蓋以儒家思想為其先驗意識與範疇，以位置西洋文化。他在內容上固欲以夷變夏，而其安排的方法，則為在中國即中國之。因此他所選擇的西洋文化，都是儒家意識所潛有的東西。而與其不並容者，如基督教與馬克思則不入選。

他不特以儒家的先驗意識，為選擇的工具，且以之為解釋西洋文化的方法。凡民主、自由、平等、文化這些觀念，在西洋文化上，其玄學意味很重，是不易解釋清楚的。任公則放棄其原來的講法，而用儒家思想來解釋，如民主則以「民為貴」與「天下為公」來說明。自然拋開許多儒學所無的因素，如自由即撇了上帝與自由意志之關係不談。但這是中國人所無法受用的思想，棄之亦非得已。而且依任公這樣解釋，把民主自由與其所介紹的其他觀念，變為中國文化本有的觀念，使人對之發生親切感；不特易於瞭解，而且亦行得開，其新思想遂建立起來了。禪宗之解釋佛學，曾用此法，任公採之，故能有成。

任公不僅為思想家與政論家，而且是實行家。其思想之標準日新，其實行之方法日熱。他自署其書齋曰「飲冰室」，即以示其所培養之熱誠的有餘。熱為動力之本，亦是萬化之源，故能培養其意志與信心。換言之，這是一種宗教情緒，由一腔熱血，而轉化為不怕死之大無畏精神。在儒家即為殉道精神，既不惜慷慨成仁，並可以從容就義。但熱誠感人，還不如熱情感己的重要。遇到緊要關頭，不能推諉別人去幹，必須自己挺身而出，讓別人去作壁上觀。如是才使人感到其熱誠之真摯，而予以欽佩與擁護，遂能打開局面，實現其理想。

沒有一個實行家會怕死，否則即不配做實行家，而任公亦復如是。譚嗣同死於光緒二十四（一八九八）年戊戌，唐才常死於光緒二十六（一九〇〇）年庚子，蔡鍔死於民國六年丙辰，此三役任公都準備同去死的，而皆有可死之道，然其不死者，幸也。湯覺頓方死於海珠，任公急於繼續談判，立即往見龍濟光，弄得龍氏與其將領，皆為之驚愕而感動。踏著湯覺頓的血路前進，循其可死之道，而卒得不死，真所謂死中求生了。今日青年，若欲學實行家之梁任公，必須先從培養其儒家之殉道精神始。

但「新」與「熱」為權法而非常道。以「新即是好」的命題，在邏輯上是決不能成立。而一味提倡熱誠，在政治上只是培養革命與獨裁，民主政治是與之相反，而是講寬容的。在教育上尤足以使學生們心粗氣浮，不能靜心下來讀書研究。中國數十年來教育之失敗，都是只求激發熱忱，而不能痛下容忍工夫。不過任公當時，為了求變，遂非以「新」與「熱」為權法不可。但他是寶貴中國文化的人，其所謂新，是有限度的。他是頭腦冷靜，而計劃周詳的人，其所謂熱，亦是不常用的。倘謂任公只騖新奇而浪用其熱誠，便差之毫釐，謬以千里，錯認了任公了。

## 成績的總估計

任公以中國文化的空殼，裝滿了西洋文化的內容，真所謂舊瓶新酒。中國文化經過這番混合，空殼與內容都全變了，所產生的是另一種新文化。關於中國文化之出路與改造的問題。從張之洞的「中學為體，西學為用」起，直至胡適之的「全盤西化說」與十教授之「中國文化本位說」止，已經討論了幾十年。我以為任公已解決了這個問題，且只有這樣才有致力之處，其餘皆為可憐無補費精神之事。所以只要依他的方法來做就成，不必再浪費時間來討論了。

其對文化各部門之影響，亦殊重大，其成績皆斐然可觀。玆分別擇要，從三方面論之。

### 一、文字方面

康梁於戊戌年間，即主張廢八股與楷法，以期中國人在文字上，首先得到解放。中國文字，驟看起來辭藻很豐富，文體很工整。但內容則極空洞與貧乏，已到了辭不達意之危險程度，至阻止思想之發展了。「選學」固為妖孽，「桐城」亦是謬種，八股則兼有其弊。調門固極悅耳，格局亦殊謹嚴，然亦只能顧到調門與格局，而內容則言之無物，亦復何益？當年最長的文章，不過數千言；而以萬言書為極限。今人動輒撰數十萬言一部書，在當時要駭異萬分，會笑你發狂與膽大妄言的。這簡直桎梏思想不許其發展，而沒有說話的自由了。

任公起而創新文體，全以辭達為主。先創造許多新名詞，以包涵西方來的新意義，因以擴大思想的內容。將原有的短促語句拉長，不以拖沓為嫌，務以意盡為主，以順思想之發展。於每一意義之說明，即如西文之分段，每段不夾入第二種意義。全篇不講起承轉合之成法，臚列各段，把所有意義說完為止，意未盡則累數萬言而不止。如此改革之後，以舊文學說明新思想，勉強可以夠用。倘使尚嫌不夠，儘可依任公的方法，繼續來創造。於名詞多沿用日本文所固有者，有時則採俗語入文，已是白話文的開始了。

以此中國文字，遂全變了。任公的文章，老生宿儒不特看不懂，而且還要罵他不通順。因為他們不懂新思想之內容，與思想如何演繹之故。任公既做了初步的改革工夫，胡適之將其變為白話文，加上標點符號，就易為力了。但白話文之詞彙，更不夠用，非從文言上借用不可。遂成今日文白相間之體，可稱為梁任公與胡適之文體的合璧。胡適之雖主張白話文愈白愈好，但其自己的文章中，仍夾著不少的文言及語句。

特任公從未主張過簡體字，亦未如錢玄同、傅孟真之主張廢棄漢字，改用羅馬文拼音。用羅馬文拼音，在當時為最時髦的說法，自稱為最合理、最合於科學方法的。但在安南試用了二百年之後，覺得有許多不便。而且首先必至與傳統文化絕緣。中國文化是最長久的，絕緣之後，豈不比安南不便得多？

## 二、思想方面

任公早年致力於西洋思想的介紹，晚年則專事中國思想的闡明。其介紹西洋思想的方法，與嚴復不同。嚴復是把全部西洋名著譯過來，加上按語，以與中國思想比較，而互相發明。他所譯的各種書，真是十九世紀歐洲的代表作品。但任公的介紹西洋思想，則不譯其原文，或摘要，或改寫，使淺顯得中國人能完全瞭解，且能發生興趣。我們如讀哲學史，對康德、斯賓挪莎、盧騷、孟德斯鳩、而不甚懂的話，可取任公介紹諸人學說之各篇讀之，至少可幫助我們瞭解。蓋其深入淺出的工夫，是幾乎沒有人比得上的。

他是通學家，所介紹的自然比嚴復多得多。不如是即無由以改造中國思想，獲得充實其內容之足夠資料。但亦漏列了不少，因為他是選擇材料，而不是介紹其全部思想。他對西洋思想，採詹姆士之說，不主張把「本體界」與「現象界」截為兩橛，而混同以常識來說明。倘使欲明本體界之超越知識，任公之書是不夠的，自非求諸他書不可。

其對中國思想之態度，確守孔子以來儒家之正統。雖酷好墨子，重視其宗教情緒與科學觀念，然亦不因是而拋棄其儒家之正統。對老莊是絕對反對的，因其與儒學相反故。其所稱的儒道，不以孔子為教主，則與南海及孔教會諸人大異。揚孟而抑荀，則一本唐宋以來舊說。雖仍尊公羊，而亦酷好左氏，今古文之分，晚年亦不注重。雖以陸王為簡易，卻終身做的是朱子道問學的工夫。大概他於儒家的工夫，做得極為中庸，而絕少偏見。馮蘭友賀麟輩，以西洋思想比附於中國思想的辨法，如以「太極」為「存在」諸說，此固小儒譁眾取寵之資，任公則從未提過。他以中國思想為道術，西洋思想為哲學，性質不同，不可混在一起來說。其介紹西洋思想，專以充實中國思想的內容，是以中國本有的思想為主的。

## 三、政治方面

其中心主張，為給中國人民以一部憲法。在戊戌時代，他們就提出來了。他繼續的提著，直至民國十四年段祺瑞執政時代，他還起草了一部《中華民國憲法》交給段氏。但是其憲法運動，是失敗的，因為沒有遇到行憲的順利環境。

再則他努力宣傳國家主義，與民族主義。他認為康南海對大同主義與個人修養的提倡，已經夠用。獨缺了國家中間一段，所以非補足不可。其鼓吹國家主義，是有成效的，從此中國人不再愛皇朝，而愛國家了。袁世凱不信，欲再建皇朝，以代替民國，結果只有八十三天，洪憲就垮。張勳不信，欲為滿清皇朝復辟，而失敗得更快更慘，不到一星期就完了。

他於光緒二九年（一九〇三年）癸卯，在《新大陸遊記》上，主張國家社會主義。到了晚年，嫌其與德國、蘇聯的政制相混淆，乃改為民主的社會主義。但以中國只有遊民，非發展生產，即無足夠的廣大勞動群眾，以為社會主義後盾。他已預見到其道之不行，與其黨之中衰了。故晚年在政治上，比較消極。

# 梁傳的作法

為人撰傳，必先把握到其為學治事的方法，與其大概的成績。例如畫人物，必先用簡筆，勾出其輪廓與特點，再來一筆一筆的細描。故在開始撰傳以前，須先有個概論。概論所述若不妥當，或者概論與傳記內容有矛盾，則這本傳記，一定不足觀了。

長篇成書的傳記，只於西洋人有之。中國人之長篇傳記，僅有《穆天子傳》，然這是小說。中國之傳記皆為短篇，長篇則為年譜，體裁雖不同，而實為變相的傳記。用西洋人成法，而撰長篇傳記者，實由任公開始。他一生寫了二十種左右的長篇傳記，任何人也沒有他寫得這樣多，可以稱為傳記專家。其初年之介紹學術思想，亦用傳記為其方法，故光緒二十八年（一九〇二年）壬寅，一年之中，就寫了七、八種之多。現在為傳記專家梁任公作傳，感覺到有點誠惶誠恐。

我最初打算用任公所指示的寫傳記方法，來作《梁啟超傳》。他在《中國歷史研究法》上，已有所闡明；以為凡事業性質相類的人，為避免重複起見，皆可作合傳，如其所撰〈張博望、張定遠合傳〉。若事業學問兩方面皆有成就的人，如王守仁，則明史之專書其事功固然不對，而《明儒學案》之求詳其學術，亦有不合。必須如邵念魯之〈王陽明傳〉，以三分之一的篇幅論其學術，以三分之二的篇幅，詳其事功，始稱分配恰當。若其人在學問上，有多方面的成就，如戴東原，於考據小學及理學皆有成就，而人們多忽其理學不提，亦為失當。但這些都是寫專傳與學案的方法，而此一青年讀物之《梁啟超傳》，不容有專論學術的篇幅，所以用不上。

我又想襲取任公撰〈康南海傳〉的方法，分為政治、文藝、思潮、教育若干部門，以述任公在各方面之成就。然而為通學家作傳，宜為概括的敘述，不宜分門別類敘其專長，故所不取。況且康南海的對各方面主張，在三十五歲以前即已確定，故可得而言。任公則如羅素，其主張屢變而從不確定。要問任公的主張如何，必先確定其究為那一時期的梁任公。如以民國或復辟時期的他，而仍認為是保皇黨，便大錯特錯。其晚年已主張民主社會主義，而仍認其為國家主義者，亦是錯了。因為他是「今日之我，與昨日之我宣戰」的人。

我想還是以時期為主，來分別論列不同時期的梁任公，較能合於事實。其時期的劃分，則如下述：

1. 少年讀書時期：同治十二年癸酉至光緒二十年甲午（1873-1894）
2. 維新運動時期：光緒二十年甲午至光緒二十四年戊戌（1894-1898）
3. 流亡辦報時期：光緒二十四年戊戌至民國元年（1898-1912）
4. 民初從政時期：民國元年至民國八年（1912-1919）
5. 文化運動的晚年：民國八年至民國十八年（1919-1929）

# 二、少年讀書時期

## 梁啓超的故鄉

梁任公名啟超，字卓如，生於前清同治十二年（一八七三年）農曆正月二十六日。廣東省新會縣南鄉之熊子島人。其故鄉我們朋友中殊少人到過，幸而他自己敘述得已極詳盡，我們對之可得一深刻的印象。總之與廣東沿海的其他漁村差不多，真是一片蠻山惡水。然而深山大澤，實生龍蛇，一代偉人梁啟超，為其山川靈氣所鍾，乃誕育於其間。所以他的性格，為粗線條的陽剛雄壯型，而非細巧的陰柔優美型。

其〈三十自述〉云：「余鄉人也，於赤縣神洲，有當秦漢之交，屹然獨立群雄之表。數十年用其地與其人，稱蠻夷大長，留英雄之名譽於歷史之一省。」文中赤縣神洲指中國，秦漢之際，趙佗稱南越王，即今兩廣區域。又曰：「於其省也，有當宋元之交，我黃帝子孫，與北狄異種血戰不勝。君臣殉國自沉崖山，留悲憤之記念於歷史之一縣，是即余之故鄉也。」崖山是南宋亡國之處，北狄異種指蒙古人。這兩段的敘述，可以悲壯二字盡之。任公是在悲壯的環境中生長的，足見其奮鬥毅力的堅強了。

又曰：「鄉名熊子，距崖山七里強，當西江入南海交匯之衝。其江口列島七，而熊子實其中央，余實中國極南島民也。先世自宋末由福州徙南雄，明末由南雄徙新會定居焉。數百年棲於山谷，族之伯叔兄弟，且耕且讀，不問世事，如桃源中人。」其先世兩遭宋明亡國之痛，為南逃之難民。耕讀傳家，不做清朝的官；視小島為桃源，不知清朝的正朔。任公殆為先天性的民族革命家，後來雖走上改良派的路，但其革命性是隨時可以爆發的。所以他終與南海（康有為）分道揚鑣，南海屢世做了清朝的大官，其伯祖國器，曾任廣西巡撫，革命排滿之意識，無由發生；而任公則此等意識，極為豐富。

任公所撰之《中國文化史》第七章〈鄉治篇〉小注上說：「吾鄉曰茶坑，距崖門十餘里之一島也。島中一山，依山麓為村落，居民約五千，吾梁氏約三千，居山之東麓，自為一保。餘余、袁、聶等姓，分居環山之三面，為上保。故吾鄉之總名，亦稱三保。鄉治各決於本保，其有關係三保共同利害者，則由聯治機關議決之。聯治機關曰三保廟，本保自治機關，則吾梁氏宗祠疊繩堂。」其盛稱鄉治，而反對新設之自治機關，欲從鄉治開出民主道路來，殊與梁漱溟相同。聚族而居之窮鄉僻壤，政清事簡，純樸之風，常使人留戀，亦不僅任公於其故鄉為然。

其父死於民國五年，他在〈哀啟〉上說：「粵瀕海，民俗夙剽悍，賭盜械鬥，視為常業。先君子常疾首痛恨，謂三害不除，鄉治無由。……縣之諸鄉化之，鬥者盡慚，相率請先君子為之解紛。……全粵久成賭國，獨吾鄉則博塞之具，不得入境。……粵海濱諸縣，為群盜宅窟垂百年，吾鄉綰轂崖山之口，稱最繁劇。顧比歲鄉中無一盜，而外盜亦未或敢一擾。」可見這賭盜械鬥最盛行的地方，只其父負責鄉治時代此風稍熄。據任公自己說，其家搬至香港後，壞風氣就死灰復燃了。

他於戊戌年抄過家，家人都逃到香港。後來又偷偷地回去住，至民國初年，始能公開回鄉。民國五年，因任公討袁，全家索性搬到香港，其父亦於是年死於香港。民國九年，任公赴歐過香港時，曾回老家一視。全家十數口，擠在一家地下室，實為窮人之窟，誰亦不會想到這就是曾任財政總長梁啟超的老家。任公自戊戌以後，僅於民國四年回茶坑住過幾個月。故鄉雖好，他已久是他鄉之客了。

## 他的家庭

其家十世務農，後稍變為耕讀人家。至祖父維清，始為秀才，祖母黎。父寶瑛，字蓮澗，亦為秀才，漸變為鄉紳。母氏趙，讀書識字，極賢慧，任公剛強之氣，蓋以得自母者為多。鄉紳人家，其衣食之源，仍在耕種。任公中秀才於十二歲時，其父仍命之操作，任公不願。寶瑛先生乃戒之曰：「汝乃自視如常兒乎？」當時風氣，中了秀才，即可到祠堂拿津貼，並可在鄉間坐館教書，多不肯下田。惟耕讀人家，則以勞作為美德，藉以保其純樸家風。

任公民族革命之情緒，祖父維清先生實有以啟迪之。他及見之孫八人，而尤鍾愛任公，夜與祖父同榻。常講故事，述古時豪傑之佳言懿行。而於宋明亡國之可歌可泣的事蹟，尤樂道而娓娓不倦。崖山遺恨，揚州十日，嘉定屠城，蓋已習聞之於其祖父。他到了二十歲，祖父才死。

任公從不與人爭吵的態度，則得諸乃父。其父當了二三十年的鄉紳，以排難解紛為事，極富於調和精神。故任公之好為改良派，蓋為其鄉紳家風之遺傳。故其調和精神與革命情緒，常相矛盾，亦潛伏於其先天之賦稟。至其不敷衍，不說謊，厚重少文，表裏如一的作風，均為得自家教，而由於其母氏者為多。

其所撰〈我為童子時〉一文上說：「我家之教，凡百罪過，皆可饒恕，惟說謊話，斯不饒恕。我六歲時，不記因何事，忽說謊一句。……不久即為我母發覺。……晚飯後，我母傳我至房，嚴加盤詰。……可憐我穉嫩溫澤之軀，自出胎以來，未嘗經一次苦楚。當時我被我母翻在膝前，力鞭十數。……但記有數語云，汝若再說謊，汝將來便成竊盜，便成乞丐。……我母旋又教我曰，凡人何故說謊？或者有不應為之事，而我為之；畏人之責其不應為也，則謊言我未嘗為。或者有必應為之事，而我不為；畏人之責其應為而不為也，則謊言我已為之。……今說謊者，則明知其為罪過而故犯之也。不惟故犯，且欺人而自以為得計，則與竊盜之性質何異？……然欺人終必為人所知，將來人人皆指而目之曰，此好說謊之人也，則無人信之。既無人信，則不至成為乞丐焉而不止也。」

昔人謂司馬光之為一代名臣，由於少時戒妄語始，其於任公亦然。梁母不特教以做人的道理，且授以詩書。在任公十四歲時，不幸竟死於產厄。偉大人物之偉大品格，莫不以庸德之行的家教為其始基。觀於任公之後來成就而益信。

## 十五歲前之任公

任公〈三十自述〉云：「生一月而王母黎卒。……三歲仲弟啟勳生。四五歲就王父及母膝下，授四子書，《詩經》。……六歲後就父讀，受中國略史，五經卒業。八歲學為文，九歲能綴千言。十二歲應試學院，補博士弟子員。日治帖括，雖心不慊之，然不知天地間於帖括外，更有所謂學也。頗埋頭鑽研，顧頗喜詞章，王父、父、母時授以唐人詩，嗜之過於八股。家貧無書可讀，惟有《史記》一，《綱鑑易知錄》一，王父、父日以課之，故至今《史記》之文，能成誦者人九。父執有愛其慧者，贈以《漢書》一，姚氏《古文詞類纂》一，則大喜。讀之卒業焉。……十三歲始知有段、王訓詁之學，大好之。」

王父即祖父，任公六歲時讀完《四書》《詩經》，八歲前讀完五經。真是神童之尤，如此速度，非過且成誦不可。十二歲能考得秀才，亦是八股時代破天荒的事。這是小學階段的讀書時期，心身發展是有限度的。而考秀才是與成年人老年人一同考，就數千人中取了幾十人而已。帖括即八股，少年文字多奇氣，故能下筆千言，而八股則引為大忌，遂與其性格不合。任公之家教，以詩教開始，《史記》許多地方等於紀事詩。近人學《史記》的，以王湘綺、梁任公最成功。王湘綺的

《湘軍志》，刻意摹擬，不啻為《史記》的翻版。任公則以近代語而不以古代語入文，取《史記》之神而遺其跡。所謂《史記》之「夾敘夾議」體，以前認為最難學的，任公採之，現在白話文多為此體，亦不覺有若何困難了。

梁啟勳的年譜補充材料說：「六歲就外傅，啟蒙師乃張乙星先生，先王父仲姊之子也。先君子屢試不得志，迨伯兄（任公）八歲時，乃絕意進取，設教於鄉。其設教也，不過召集數兒，以伴伯兄之讀而已。十歲就學於邑城周惺吾先生，是歲應童子試。……赴廣州應府試者，輒結伴買一舟，水程三日，同行皆父執。一日共飯，時一人指盤中鹹魚為題，命伯兄吟詩。伯兄應聲曰，『太公垂釣後，膠鬲舉鹽初。』滿座動容。……十二歲補博士弟子員。周惺吾先生曰：『吾不能教之矣。』十三學於廣州之呂拔湖先生，十四學於佛山之陳梅坪先生，十五學於廣州之石星巢先生。」

任公雖有作文讀書的天才，但八股是另有一種程式的。十歲後就從別人學，顯見他父親對八股並不能自信。他的父親寶瑛先生考了兩次皆落第，第三次才考得秀才的。秀才分三次考試：縣試在縣城考，共五場；府試在府城考，亦五場；提學試在府城考，共三場。新會縣屬廣州府，所以要趕水路到廣州去應府試。而且，考舉人的八股，與考秀才的兩樣。周惺吾先生說不能再教他，是不能教考舉人的八股恐怕誤其前程的話，並非客套虛文。

舉人到省城去考，秀才、廩生、貢生都有資格應試。省城之石星巢，就是考舉人八股的老師，名為「坐大館」。大館過年要放假，乃另請人講點八股以外的學問，與八股亦不無幫助，是為「坐冬館」，康有為就是石星巢大館裏頭的冬館老師。因為考舉人的八股，要比較開展鴻博，所以要稍講點學問。會試則各省舉人在北京會考，殿試則名為在皇帝面前考，實則已不考文章，而考字的勻整。須直橫看上去，都成一色齊的行列，方為合格，而好壞還在其次。

考舉人的八股，雖較考秀才的多點書卷氣，但書讀得太多，反而使文章不空靈，最為大忌。那時視八股為正學，經學、詞章、理學皆為雜學。要進翰林院後，才可講這些雜事，否則有礙功名，認為有誤前程。任公「太公垂釣後，膠鬲舉鹽初」之句，口氣既大，詩才亦捷。然而與八股無關反而有礙，故當時人的看法，並不如我們這樣興奮。任公詩文，皆以壯美為主，因其家教為詩教。他自稱能成誦之詩，不過一二百首，以後亦沒有下過大功夫，然而已足與當代詩人唱和，而互相頡頏了。但在當時眼光看來，要八股好才有功名，詩好又有什麼用呢？八股文後附的試帖詩，是不重視的，沒有毛病就成，而且試帖詩與尋常詩不同，而是另一套。

我所以不嫌詞費，並非好談掌故。乃以說明是時的中國文化，已為八股引到黑暗之路，連中國書都不必讀，一切學問都不必講了。康梁則不特要講中國學問，而且要講世界學問。其大聲疾呼，等於用一顆大炸彈，來毀滅八股的宇宙。然卒能成功，而開出現代中國文化來，此非文藝復興，與中國之啟蒙運動而何？

# 十八歲以前之任公

梁啟勳年譜補充材料說：「廣州有大書院五，最高之學府也，曰學海堂，曰菊坡精舍，曰粵秀書院，曰粵華書院，曰廣雅書院。首席教授地位最尊，督撫到任必先往拜之，非宿儒不能當此席。月考有獎賞，名曰膏火，依等第以為厚薄，所以養寒士也。伯兄買書之費，悉出於此，每屆年假，輒捆載而歸。以余所見，如正續《皇清經解》、《四庫提要》、四史、二十二子、百子全書、《粵雅堂叢書》、《知不足齋叢書》，皆當日之所購。」

廣州之書院既多，其所賴之收入田租亦富。各書院每月皆出課題若干道，任何人均可參加。獲選得一等一名者，可得獎金五十元上下，其餘以次遞減，最少亦可得數元。其時生活甚低，食住衣服遊玩之資，每月不過五元至十元。任公在文壇競賽獲勝之獎金，以盡購中文要籍，於學蓋已由記誦擴大而為涉獵了。

又曰：「十六歲入學海堂為諸生，同時又為菊坡、粵秀、粵華之院外生。光緒十七年己丑，十七歲舉於鄉，榜列第八名，當時典試之正座，乃貴州李苾園（端棻），副座為福建王可莊（任堪）。……李請王作媒，以妹字伯兄。」

結婚與入學，為任公少年兩件大事，與其以後之事業尤有關係。那時五書院中，只廣雅書院山長朱一新講新學，而其他四書院則講考據詞章。任公獨與廣雅無關係，可見其時方醉心於考據詞章，尚未涉及新學。學海堂以陳蘭甫久主講席，其遺風未泯，當時山長雖未詳其姓字，想為陳蘭甫一派。任公在學海堂三年，於考據詞章，盡卒其業。因為文章做得好，所以以後辦報，都能成功，而且晚年整理國故，亦有成績。這三年的工夫，並不白費。因為根柢需要少年時打好的。

關於任公入學海堂之事，亦有一種戲劇性傳說。梁思成及其夫人曾對我說，任公十六歲時，從家鄉趕到省城學海堂，穿著草鞋，說要見陳白沙。有位山長出見，問明來意後，調侃他說，「可惜你來遲一步，早來二百年就好了。」思成亦得之傳聞，並非他父親親口對他說的。白沙根本與學海堂無關係，而任公當時知識，亦決不至不知白沙為明朝人。但另一任公友好亦說起此一故事，而且認為確有其事。十六歲青年妄想多而準確性少，可能鬧出此種笑話的。不妨姑妄聽之，以強調任公之在學海堂讀過書，且亦是一種士林佳話，對之不必太認真。

任公在學海堂讀書，中舉時張之洞做兩廣總督，故成為張之洞的門生。他以後能辦《時務報》，把張之洞拉到維新派一方面，都是靠這一點師生關係。而戊戌時代，張之洞的出賣康梁，較袁世凱尤過之；庚子年又因而斷送了唐才常的性命，都是過於迷信師生關係之故，他光緒二二年（一八九六年）上南皮張尚書書，謂「啟超鄉曲陋學，十三以後，得讀吾師訓士之書，乃知天地間有學問一事。稍長肄業學海，獨以文字受獎飾，自喜非望。己丑試事，幸得列弟子籍。」可見任公佩服過張之洞的學問，而張之洞亦誇獎過任公的文章，通籍舉人以後，往還更密了。至光緒二六年（一九〇〇年）之〈上鄂督張制軍書〉，則將之洞比為王倫與馮道，為奴顏婢膝之至愚的奸佞，彼此的關係遂中斷了。

李端棻在戊戌時代入朝為尚書，支持維新運動最力。自翁同龢免職回籍後，以他的官為最大，隱然為新派領袖。戊戌失敗以後，他不肯變節卸脫而自投於獄，卒遠戍新疆，時已六十八歲了。光緒二七年（一九〇年）放歸，主講貴陽書院，倡民辦鐵路，為以後反對鐵路國有之張本。講學七八年，死於光緒三十三年，年七十五歲。臨終前數月曾致書任公曰：「昔人稱有三歲而翁，有百歲而童。吾年雖逾七十，志氣尚如少年。天未死我者，猶將從諸君子之後，有所盡力於國家矣。」這是一位講程朱的理學名臣，與張之洞的巧宦不同，以婚媾之故，而任公得一志同道合忘年之交。所以說入學海堂讀書，與和李家結婚，是任公生平的兩件大事。

## 受業於南海

任公十八歲拜南海為師，是舉人拜舉人為師，這一件事在當時似乎有點希奇。但那時康有為已名動公卿，不是一位尋常的舉人。而陳禮吉學問，在當時較優於任公，禮吉於是年六月拜南海為師，任公隨禮吉去拜門，亦是極尋常的事。故康有為《自編年譜》於三十三歲之下，僅有「八月，梁啟超來學」數字。獨於陳禮吉，則稱其「讀書甚多，能考據，以客禮來見。凡三與論詩禮，泛及諸經。」

任公把其拜南海為師一事，寫得十分戲劇化，在文筆上，極類於王艮敘述其拜王陽明為師之經過。我想任公那時方欲從詞章轉入理學，以求經世之事。故奉南海為活的陳白沙，遂不知不覺，而表現其類於曾點之陳白沙的遺風，有點過火與反常，則其所自承。

任公〈三十自述〉云：「既而通甫相語曰，『吾聞南海康先生，上書請變法不達，新從京師歸，吾往謁焉。其學為吾與子所未夢及，吾與子今得師矣』。於是乃因通甫修弟子禮，事南海先生。時余以少年科第，且於時流所推重之訓詁詞章學，頗有所知，輒沾沾自喜。先生乃以大海潮音作獅子吼，取其所扶持數百年無用舊學，更端駁詰，悉舉而摧陷廓清之，自辰入見，至戌始退。冷水澆背，當頭一棒，一旦盡失其故壘，惘惘然不知所從事，且驚且喜，且怨且艾，且疑且懼，與通甫聯床，竟夕不能寐。明日再謁南海，請為學方針，先生乃教以陸王心學，而並及史學西學之梗概。自是決然捨去舊學，自退出學海堂，而間日請業南海之門。生平知有學，自此始。」

任公述其當時的情態，與事實亦合，陳禮吉與梁任公常偕往南海老家之雲衢書屋。南海年譜謂告禮吉以孔子改制之意，生死之理，諸經真偽之故，人自猿猴變出，大同三世三統之說。其告禮吉即為告同座之任公，任公謂如大海潮音，作獅子吼，殆指此了。

南海十九歲從朱次琦九江學，二十一歲始辭歸，後四年而次琦死。九江標「四行五學」之說，四行謂敦行孝弟，崇尚名節，變化氣質，檢攝威儀；五學則為經學、文學、掌故與詞章。其學平實敦大，皆出躬行之餘，特重氣節，而主濟人經世。其同學為簡朝亮、胡景棠等。日讀宋儒書及經學、小學、史學、掌故、詞章。次琦教人為學，蓋類於朱子之道問學。忽南海以考據為無用，而喜靜坐養心，乃辭歸。是時南海已轉為陸王心學，越一年始研究西學，又一年乃治公羊，而以白沙之瀟灑自命，並以亭林之經濟為學。南海之心學、公羊、與西學，固其師門所無。特其政學，文獻之學，與崇尚氣節，而熟讀《後漢書》，則猶是師門之遺意。

南海《自編年譜》，述其講學之經過云：「光緒十七年始開堂於長興里講學，著〈長興學記〉以為學規。與諸子日夕講業，大發求仁主義，而講中外之故，救中國之法。……《新學偽經考》刻成，陳千秋（禮吉）、梁啟超助焉。……十八年，……移講堂於粵城衛邊街鄺公祠，……以陳禮吉充學長。……十九年，……遷草堂於府學宮仰高祠，……是歲以梁卓如（啟超）、陳禮吉充學長焉。」

任公〈三十自述〉，言其聽講之情形，與南海所述相符。其言曰：「余年十九，……先生為講數千年來學術源流，歷史政治沿革得失，取萬國以比例推斷之。余與諸同學，日札記其講義，一生學問之得力，皆在此年。……先生著《新學偽經考》，從事校勘，著《孔子改制考》，從事分纂。日課則宋元明儒學案、二十四史、《文獻通考》等。」

民國十六年，任公作南海七十壽言，為講學時之回憶曰：「先生每逾午，則升坐講古今學術源流，每講輒歷二三小時。……每聽一度，則各歡喜踴躍，自以為有所創獲。……嚮晦則燕見。……先生始則答問，繼則廣談，因甲起乙，往往遂及於道術。……每月夜吾儕則從遊焉。……先生在則拱默以聽，不在則主客論難蠭起，聲往往振林木。」南海口才態度都好，其講學重理學、史學，與經濟，而確具「浴乎沂，風乎舞雩」的作風。

我想任公在南海處三年，學些什麼，至此已可得其大略。為總括說明起見，茲將任公之〈長興學記表〉，分列為三。而一二兩表，亦即朱次琦之「四行五學」，略加增減與變化。茲分列於下：

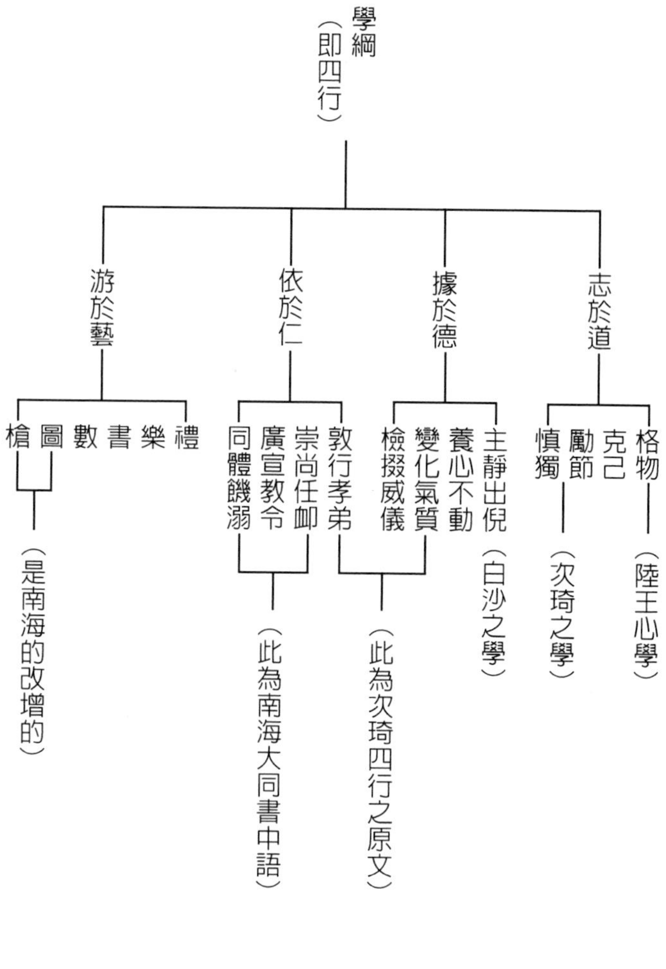


按上表將五學變為四學，而內容則變得幾與現在大學功課差不多。下列科外學科一表，則完全新增。

- 科外學科
  - 校中
    - 演說（每月朔望課之）。
    - 劄記（每日課之）。
  - 校外
    - 體操（每間一日課之）。
    - 遊歷（每年假時課之）。

## 康梁之異同

康梁之不同，有出於先天者，有源於性格者，有基於學術之立場者，有因於做事之手法者。如認識南海與公者，則知其不特外表上相反，即其內心上亦極為差異。以外表言，南海和易易與，而任公則壁立千仞。南海如瀟灑出塵的神仙，任公若龍蛇飛舞的壯士。以內心言，南海為仁者，故常優柔；任公為智士，故多果斷。南海為教育家，故精華外露；任公則為實行家，故勁氣內斂。只以救國維新主張相同，而其時彼此不盡相知，故戊戌時代曾合作過一次。然以精神上之根本差異，故無法再度為真誠之合作。至師生之名分，所用以維繫其關係者，抑亦末矣！

茲從各方面以分析康梁之異同，述如下：

1、任公有民族革命之先天性，故僅以保皇為招牌。南海則世受清朝恩典，真所謂不折不扣之保皇黨。所以民族主義與國家主義，皆為任公努力之道，而南海獨付缺如。其相同者，任公提倡社會主義，而南海亦發明大同主義。

2、任公之《清代學術概論》上說：「有為初著書，曰《新學偽經考》。偽經者，謂《周禮》、《逸禮》、《左傳》、及詩之《毛傳》；新學者，倡新莽之學。……有為以好博好異之故，往往不惜抹殺證據，或曲解證據，以犯科學家大忌。」南海以不喜考據，而離開朱次琦，任公在學海堂三年，對考據卻是最為擅長。

3、《清代學術概論》上又說：「有為以孔子之改制，上掩百世，下掩百世，故尊之為教主。誤認歐洲之尊景教，為治強之本，故恒欲儕孔子於基督，乃雜引讖韓之言以實之。於是有為心目中之孔子，又帶有神秘性矣！」萬木草堂傳孔教之規條，任公於戊戌以前即聲明不舉行。任公以宗教時代業已過去，孔子實非宗教家，讖緯偽書，為學者所不屑道。景教如可強國，猶太何至於亡？任公只研究現象界，而以常識所及者為限，南海則為神秘主義者，學道學佛而又學數學。其實神秘主義，倒是哲學的正宗，科學的根本。柏拉圖亦是神秘主義者呢！

4、又說：「有為以春秋三世之義說禮運，謂升平世為小康，太平世為大同。……然有為既欲實行其小康主義的政治，不能無所求於人，語莫之能用。」此惜其對現勢力低頭，而失去青年信仰。任公則有青年之死士與之合作，故常反現政權，而另外打開一條路。

5、又說：「啟超既亡居日本，其弟子李（炳寰）、林（圭）、蔡（鍔）等棄家從之者十一人，才常亦數數往來，共圖革命。……啟超既日倡革命排滿之論，而其師康有為深不以為然。……啟超……保守性與進取性常交戰於胸中。……嘗自言曰，不惜以今日之我，難昔日之我。」故南海反對革命，而任公則贊成革命。所謂今日之我與昨日之我交戰，正以表示其內心革命與保守相矛盾之痛苦。

其結論曰：「最相反之一點，有為太有成見，啟超太無成見。……有為常言，吾學三十歲，此後不必有進，亦不必求進。啟超不然。常自覺其學未成，且憂其不成。」

嘗聞任公之論南海，謂其詩能寫外國事物與意境，確有天才。談及南海讀日本書，謂只讀漢字，而不理日本字，常常猜錯意思。說及做事，則謂南海不能守秘密，且亦不知世間有所謂秘密之事。惟對南海，津津樂道，多善意而無惡意。雖政治上處於相反地位，學術上有不同見解，此為對外表示其獨立之各自立場起見，絕非鬧翻。此種道義之交，相愛之情，殆非外人所能瞭解的。

我們分析康梁之異同，並無抑南海而揚任公之意。無論在政治上與學術上，皆各有短長，而並無軒輊。特以改良主義，南海實其創造的開山老祖，而任公則為廣大山門之人。觀於任公之愛護南海，唯力是視，不以其主張之不同，與政治無成就，抹殺南海。則我們之不應抹殺康梁，以自鳴高，為顯然了。

# 三、維新運動時期

## 公車上書

凡舉人進京趕考，稱為在「公車」，舉人上皇帝的請願書，則稱為「公車上書」。惟不能直接上達，須由都察院轉奏，該院有拒收拒轉之權，這是清朝的規矩。

光緒十四年（一八八八）九月，康南海以國子監太學生上書請變法，以防日本。在南海以為這是仿後漢太學生上書之遺意，亦是砥礪名節者所應有之舉。但在清朝，則為破天荒的事，故書卒不得上。然全國均佩其敢言，以是聲譽鵲起，尤得廣東省讀書人之擁護。因此「聖人為」的外號，由其故鄉而傳遍全省乃至全國。南海遂利用機會，在廣州開萬木草堂講學，吸收了許多有志青年。這般青年，受其感召，咸欲及鋒而試，乃有再接再厲之上書運動，以為「戊戌變法」的前奏曲。

光緒二十一年（一八九五），因為反對對日和約，任公適在京會試，遂聯絡廣東省在京舉人麥孟華、張壽波、賴祭熙、鍾榮光、江孔殷等八十餘人簽名，預備上書。湖南在京舉人任錫純、文俊鐸、譚紹裳等首先響應。福建、江西、貴州、四川諸省之舉人繼之，既而直隸、山東、河南、雲南諸省又繼之。分別上書於都察院，使此一冷衙門，頓形熱鬧起來。計自三月二十八日，至四月初六，以收受上書，而有應接不暇之概。

惟《中日和約》，已定於四月十四日，在煙臺換文，而書上數日不報。乃再接再厲，擴大其運動，遂擬聯絡各省舉人為總上書。以康有為曾上過書，故推其負責一切，並為主稿人。且聞翁同龢相國，因甲午戰敗，認康有為有先見之明，頗加青眼。欲藉康與翁之良好關係，俾得翁之支持。

各省舉人，簽名參加上書的，先得一千二百餘人，十八省人皆有。開會於前明楊椒山（漣）之松筠菴，到會者數百人，討論通過上書內容。京城有數百人集會，實以此次為創舉，而以後之學生運動，亦濫觴於此。但此次上書運動，中途變卦，幾乎散夥。因為主和的孫毓汶，四處派人危言威脅各省舉人，使撤銷其簽名。所以第二次開會時，到者已寥寥無幾了。

原來之一千二百餘人，其未撤銷簽名的，只六百零三人。十八省中，浙江、河南、山東無一人簽名。關外只是吉林，有舉人陳昭常簽名。各省簽名人數，只廣東、貴州較為踴躍，其他各省則殊寥寥。原以響應最快之湖南省，即發起人皆不參與，簽名的只剩了曾熙等四人。

至十日上書於都察院時，則《中日和約》，已提前至八日換文。都察院諉為成事不說，不肯代收。康梁只得在上海刻〈公車上書記〉，向民間宣傳。

該書共一萬八千字，實為任公主稿，麥孟華幫同繕寫。因南海須各方接洽，四處奔波，無暇為此。只提供意見，與加以斟酌而已。該書窮數日夜之力草成，其內容如下：

1、鼓天下之氣　宜罪主和與喪師之人，並須破格起用新人。

2、定天下之本　宜遷都關中（後主張在太湖流域），以圖力戰。

3、強天下之勢　練新軍，選新將，用精械。

4、富國之道　曰鈔法，鐵路，機器，輪舟，開礦，鑄銀，郵政。

5、養民之道　務農，勸工，惠商，恤貧。

6、勸學　停科舉辦學校、辦報館、改武科為藝學。

7、官制　裁閒散機關。辦選舉以理各省民事。每十萬人舉一國會議員，國策取決於多數。

以後上書之內容，與新政之主張，均與此次上書相彷彿。康南海又取其意，再上之於都察院，竟能到達。光緒與恭親王奕訢皆甚欣賞，命抄四份，一呈慈禧太后，一交軍機處轉發各省，一存乾清宮，一存勤政殿，以備乙覽。上書運動，總算獲得初步之良好結果。

## 開強學會

在開強學會之先，康梁欲為輿論的鼓吹，提出主張以結合同志。乃辦《中外公報》，隨宮門抄坿送，刊一千份。每期紙墨銀二兩，由南海籌措。而任公、孟華則每日撰數百字之論文，以宣傳變法。任公在民國元年，對新聞界演說，曾述其經過云：「時以辦報事委諸鄙人，……乃向京報處，托用粗木版雕印。………上有論說一篇，別無紀事。………當時安敢望有人購閱者，乃托售京報人，隨宮門抄分送諸宮宅，酬以薪金，乃肯代送。辦報月餘，居然能送出三千張內外。然謠言紛起，送至各家門者，輒怒以目。馴至送報人懼禍，及懸重賞，亦不肯代送矣。」

辦了兩三個月的報，乃於七月間，邀主張一致者，創設強學會。由南海與翁同龢門生陳熾宴客，而沈曾植兄弟奔走最力。籌備時參加者，多為主張新政各派的代表；而於籌款極能出力。有袁世凱，及其友好徐世昌、翁同龢門生陳熾、文廷式，及翁從孫斌孫、張之洞之子張權，及其門生楊銳、黃紹箕，李鴻藻的門生張孝謙，曾國藩的長孫廣鈞，以及沈曾植、王含英、丁立鈞、汪大燮諸人。規定強學會會員，三日一會於炸子橋之嵩雲草堂。惟陳熾任該會提調，張孝謙副之，任公任書記。這是一種文化的結社而已。擬先成立一圖書館，推麥孟華赴滬買書。會址設於孫公園，乃孫家鼐所借。翁同龢允每年從戶部撥款數千兩，並贈印書機器，支持最力。

強學會規模日大，翰文齋願送書來，英美公使咸願贈圖書機器，英人李提摩太亦來參加。乃開始向各省募捐，劉坤一、王文韶、張之洞各認捐五千金。宋慶、聶士成，咸願捐數千元。袁世凱認捐亦相若，但結果拿出三百元，他處捐款，亦未收齊。李鴻章欲捐二千金入會，但這是反對他的「主戰維新派」的結合，故拒之。李因這班人不願妥協，懼不利於己，遂陰使其親家楊崇伊御史劾之。

南海以風聲不好，聽說大學士徐桐要參他，遂出京以避之。欲到滬謀設分會，故先到南京向張之洞捐款，乃舉會事以囑任公。不料康氏於八月出京，十一月楊崇伊即劾其私立會黨，強學會遂被封禁。任公住在會中，連行李書籍都拿不出來，只好仍住金頂寺。至暫任李提摩太秘書以維衣食。

光緒二十二年正月，孫家鼐奏准啟封強學會，改為官書局，乃變為圖書館而非學會了。任公應黃公度招，離京赴滬辦《時務報》。

任公〈強學會序〉，曰「諸學分會，未能驟立，則先設總會。一曰臚陳學會利益，專摺上聞，以定眾心。二曰建立孔子廟堂，陳主會中，以著一尊。三曰貽書中外達官，令咸願輸捐，以厚物力。四曰函招海內同志，咸令入會，以博異才。五曰……」一共有十六點理由。強學總會雖未三月而夭折，但集會結社，是人類的天賦自由，一經提倡，不久各種學會亦繼起成立，其數無啻數十。旋停旋開，旋禁旋立，從此人民團體，遂引起大眾興趣，真是「野火燒不盡，春風吹又生」了。終於人民事實上獲得集會結社之自由，於是懸為厲禁的，只有黑社會之秘密結社。

但強學會並非政治團體，既無嚴密之組織，更無一貫之主張。不過一種宴會，談話會或座談會，至多亦僅為類於以後南洋一帶之閱書報社而已。因參加者只有意於求新知識，不如倭仁諸人之嚴拒西洋文化，但不一定皆贊成維新運動。更不是純粹主戰派之集合，因為主和派的張孝謙亦曾參加。而袁世凱是主和派李鴻章一手提拔起來的人，上海的盛宣懷，更是李鴻章心腹，所以拒絕李鴻章參加，不過一時意氣之談。政治上之主張與意志既不統一，故不能認為政治團體，其不能有所作為，是當然的。

## 上海《時務報》

《時務報》殆緣於上海之強學分會而起，後因北京之強學總會既停，上海分會亦不能不停，乃以分會餘款辦《時務報》。南海於九月十五日到南京，與兩江總督張之洞，籌商設強學分會於上海。張氏命其幕客黃紹箕、梁鼎芬，與南海合擬章程。然頗不喜其孔子改制之說，因用孔子紀元，而不用光緒年號，會被人疑為不奉清朝正朔之意，是大逆不道的。時宮廷正醞釀鬥爭，慈禧廷杖珍妃，並逐其師傅文廷式。文為翁同龢門生，而翁之親信，侍郎志銳、長麟、汪鳴鑾均被逐，使維新派漸處不利形勢。張之洞要觀望一下，聽了京中最後消息再說，遂力主慎重。而康南海在北京立腳不住，所以避到上海之消息，之洞亦微有所聞。

但南海未得之洞同意，遽開強學分會於上海。邀各方名流參加；計被邀者，有浙之黃體芳及其子紹箕、侄紹第，汪康年，鄂之屠仁守，粵之黃遵憲、梁鼎芬，皖之蒯光典，蘇之張謇，贛之陳三立，桂之岑春煊，閩之沈瑜慶（葆楨子），湘之左孝同（宗棠子），鄒代鈞。這些人以接近之洞者為多，康並代張之洞作〈強學分會序〉，而自作〈後序〉。以「學則智，群則強」，點明強學會之宗旨為「共學」。我想任公民國九年辦共學社，是上承強學會之緒餘，而提倡集體研究的。

強學分會，開過一次成立會於張園，以後即未再有集會。南海遂負氣南歸。張之洞雖已付出捐款，但不同意其開會，至電令停止活動。以後強學總會在北京被參，上海強學分會更不能不散了。

之洞既不願把餘款收回，遂亦同意辦《時務報》。《黃遵憲年譜》云：「康有為在上海辦強學會，張之洞首倡，捐一千五百兩為開辦費，滬上諸當道亦有捐助。然京師強學會為言者中止，滬會遂停辦，尚餘一千二百金。……光緒二十二年（一八九六）……三月，乃以書招梁啟超至上海。……七月由汪康年經理，梁啟超主筆下，《時務報》出版。每旬一冊，每冊二十餘頁，以石版印連史紙上。」

任公述創辦《時務報》之經過，尤為詳盡。略謂南海回粵，請汪康年來滬主持，以一函兩電速之，時汪方在湖北就館。強學會餘現款七百餘兩，又將預繳一年之房租，追回半年，得三百餘元。共得一千二百元，為《時務報》的辦費。仍感不敷，黃公度捐一千元，鄒凌翰捐五百元，始將《時務報》開門。汪意欲辦日報，以經費支絀乃改辦旬報。黃、汪、梁、鄒，及衢縣知縣吳德瀟父子，同為創辦人。預計報能銷四千份，即可支援，而由各省督撫負責推銷者，已符此數。以任公文字之動人，一年來竟銷至萬餘份，故有盈餘。且發出公啟後，招到之股款，亦萬餘金。

《時務報》每期三萬字，其中論說有四千字，皆出任公手筆。翻譯東西各報之文字，亦二萬餘字，亦經任公潤色。西文翻譯張少塘，東文翻譯古城貞吉，皆黃公度托人物色。以報務日有起色，乃請七、八人分任編輯，計有梁鐵君、韓文舉、章炳麟諸人。浙粵兩派雖有衝突，但言論則皆激烈。以民族主義色彩過濃，至為張之洞所干涉，屢囑汪康年注意。汪利用其與張賓主之關係，且涎報館經費之充足，遂有排斥任公之舉。

計任公辦《時務報》一年餘，其在滬除辦報外，尚有其他活動，可得而言者如下：

1、刊印《經世文新編》、《西政叢書》、《變法通議》、《大彼得變政考》、《孔子改制考》。由慎記書局發行。

2、創辦大同譯書局，除擬譯西書外，尚有編教科書的計劃。

3、發起不纏足會。

4、創辦女學，由電報局總辦經元善夫人蓮珊主持，校址設高昌廟桂墅里。

除辦了許多事業外，並交到若干益友。使珠江文化代表人的任公，吸收到許多長江文化的要點。任公亦酷愛此種文化，乃使自己變化其氣質，故其言論，為長江流域的人們所歡迎。要知文化的中心，近數百年均集中在長江，大有左右全國之趨勢。清初之顧亭林、王船山、黃黎洲，中葉之惠棟、戴震、段玉裁、王念孫父子均是長江流域的人。任公在京交譚嗣同、夏曾佑，在滬交張謇、文廷式、宋燕山、吳雁舟、胡仲巽、孫仲愚、孫詒讓，與後起之章炳麟，皆為長江文化代表之中，光芒萬丈的人。又以嚮往西學而納交於馬良、馬建忠、嚴復，《馬氏文通》、《天演論》二書，任公曾參酌其初稿。時接眷於貴州，住上海泥城橋梅福里，與馬良為比鄰，乃每晚從之習拉丁文。馬氏深愛任公，謂宜習一種外國文，不應問世太早。以黃公度請其主編《時務報》，為「賊夫人之子」。

從此任公的思想，便軼出珠江文化的範圍，而以長江文化之代表人自任。乃能影響全國，而尤得長江流域人士的擁護。以後與任公共事業共生死的人，都是長江流域的人。民初之進步黨議員，亦以長江各省為多。而廣東反成為其反對黨國民黨的根據地，康梁轉失其舊壘。自然中國環境利於革命，國民黨之勢力，不久便席捲全國。但任公的思想與言論，已非軼出南海範圍不可了。我們長江一帶的人，對任公的言論，發生興趣；對南海的主張，多格格不入。即取朱次琦之詩文，簡朝亮之經說讀之，亦嫌其未能愜心貴當，不如俞樾、孫詒讓、龔定庵、王闓運甚多。而任公在言論界影響，大於南海者甚多，亦以此故。

是時任公與張之洞、汪康年鬧得不好，頗有不安於位之概。其年他致嚴復書，謂「凡任天下之事者，宜自求為陳勝、吳廣，無自求為漢高，則百事可辦。故創此報之意，亦不過為椎輪，為土階……以俟繼起者之發揚光大之故。」言外之音，殆確認《時務報》為無前途了。

二十二年（一八九六）冬，黃遵憲奉簡出使德國大臣，曾奏請任公隨行，但黃為同志所尼，迄未到任。美使伍廷芳，又奏請以任公為二等參贊，已收其治裝費一千兩，卒為同志所反對辭之。王文韶、張之洞、盛宣懷，均奏保任公交鐵路大臣差遣，之洞且邀其入幕。任公以不願為人差遣，不願做人幕府辭之。處非走不可之勢，而非到了不能不走的最後關頭，決不輕棄其《時務報》的園地，則為任公當年的處境。

時錢塘令吳小村，願供給任公生活三年，伏之西湖，請英法教員二人教之，學成而後縱之。杭州知府林廸臣，亦欲任公來杭助其辦學。但蛟龍豈是湖中物，大臣督撫非其道尚羅致不到任公，何論府縣？且任公對習西文之語言天才奇絀，彼亦殊有自知之明。以後在日本習英文，在法國習法文，均未成功。他亦只能看日文書，而在日十餘年，日語亦不甚懂得，故從未見其與日人對話。況且他不是專門人才而是通學者，一面研究，一面發表，自足以影響於國人。請其到西湖讀書，殊屬幻想，只是表示一般人對其期望之切而已。且讀書隨處皆可讀，亦何必非山明水秀之西湖，始能為學呢？

但《時務報》已無希望，而不能不走了。汪康年的把持，與梁鐵君、章太炎的互毆尚其小事，而張之洞之不許發表民族主義文字，則為致命傷。自然不聽之洞的話，他即不代為推銷，經費來源中斷，報亦只好停辦。但聽他的話，而改用溫和的主張，則讀者嫌刺激性不夠，決不要看。銷路一跌，報館亦不能維持，況且辦與國民漠不相關之官報，又復何益？所以二十三年（一八九七）九月，任公終於離開《時務報》，而到湖南時務學堂教書去了。

## 時務學堂與湖南新政

湖南巡撫陳寶箴，盼大規模的舉辦新政。臬司黃遵憲與其子三立助之，欲大會豪傑於湖南。湖北巡撫譚繼詢之子嗣同，棄其江蘇候補知府之地位而歸。受盛宣懷之聘，主辦礦務並兼辦保衛局。湖南紳民亦起而響應，皮錫瑞任南學會會長，以為地方自治之權輿。以輪船責成張祖同，以製造責成王先謙，以學堂湘報責成熊希齡。但新政如何辦法，大家都不清楚。只有以《時務報》之主張為藍圖，乃索性請其總編輯梁任公前來設計。故任公此次之來，不僅為時務學堂總教習，且為湖南全省的總教習。

時務學堂，本為王先謙等呈請設立，是私辦的學校，後來始改為官立。其經費本擬在礦務餘款項下撥給，但譚嗣同方在開始整理，那有餘款？乃由熊希齡等，商得江督劉坤一同意，以東征籌餉，加增鹽厘未繳之款，得七千元為開辦費。劉坤一對桑梓之事，是願意幫忙的。熊希齡等此行面商，除得學堂經費外，並獲贈與金陵兵工廠步槍若干支，以供保衛局之用。

時務學堂學制，依總理衙門規定，京師設頭等學校，各省設二等學校，即後來京師之大學堂，與各省之高等學堂。畢業生資格視同監生，准應鄉試考舉人。畢業後或就事或送至京師進修，悉聽其自願。校址暫時租用衡清試館，並購北門外之侯家隴民田數百畝，籌建新校舍。學額暫定一百二十名，在鄉試後招生，考取四十名。以熊希齡為總理，王先謙、張祖同、黃自元為學董。任公為總教習，則由撫臺聘請，西學教習為李維格等。

任公雖為黃遵憲所推薦，而決定聘請之者，則為陳寶箴。他對《時務報》是重視的，湘省所定的報，共二百餘份，由厘金項下償付。其與各省不同之處，不僅為推銷，且以頒發省城及外府各縣的書院。每處自一份至二三份不等，作為各院生的講義與參考書。故任公在未來湘以前，湖南人已受其言論的影響，而風起雲從了。不然三個月的講學，所教僅四十人，決不能引起湖南人之普遍擁戴的。況他是拙於口才的人，其充份情感，係以筆尖而非以口舌傳達出來。其來湖南的效果，不過現身說法，使人增加一層親切感而已。當時湖南人之歡迎任公，殊為一致，即舊派亦無例外。提學徐仁鑄，是主管學堂的，曾諭示諸生，謂讀西書，須依任公之〈西學書目表〉去讀，方有門徑可尋。前學政江標，輿地專家鄒代鈞、寶箴之子三立，皆譽任公不絕口。甚至以後反對任公最烈之王先謙、張祖同、葉煥彬，當時亦表示十分贊同任公。故其以後反對任公之動機，雖以學術為藉口，實則為利害衝突，這是顯然的。

中文分教習，須由總教習聘任，則為合同所載明。任公先聘楊文超、韓文舉、歐榘甲、葉覺勱，到湘後增聘唐才常。葉煥彬以想做分教習不成，介紹許多學生，又不盡蒙錄取，遂運動守舊者反對。葉德輝（煥彬）之舊學雖強，而品行則無可取。任公其時方欲把時務學堂，當作其夙昔所主張之政治學院辦。重視道德與人格教育，以為地方自治之基礎，故無取於葉。

任公自撰之時務學堂學約十條，已與萬木草堂不同。而有深厚的長江文化氣氛，與民族主義色彩，玆分述如下：

**一曰立志**

立志如下種子（朱熹語），須先有知識然後有志（陸象山語）。志既定之後，必求學問以敷之。當師孟子、范仲淹、顧亭林。

**二曰養心**

孟子一生得力，在不動心，故能成大丈夫，反此即為妾婦之道。曾文正百折不回，故能以大儒定大亂。養心為治事之原，須先破苦樂，次破死生，次破毀譽，始不至心灰意冷，身敗名裂。養心之法，不外靜坐與閱歷。學生無閱歷，不妨縱心虛構一艱苦之閱歷，日日思之，以期訓練成熟。

**三曰治身**

當於每日就寢之時，默思一日之言行。失檢者幾何，而自記之。始而覺其少，苦其不自知也，既而覺其多。然不可自欺，又不可自餒，一月以後，自日少矣。

**四曰讀書**

非讀萬國之書，則不能讀一國之書。然必須以數年之力，使學者於經史大義，悉已通徹。根柢既植，然後以其餘日，肆力於西籍。顧載籍浩繁，精要不及什一，又必有上下古今，縱橫中外之學者，始能提要鈎元，苟學識不及，雖三復若無睹。今分為經史子西籍四科，間日為課。凡學者每人設札記一冊，分專精、涉獵二門，每日必就所讀之書，發新義數則。其有疑義，則書而納之待問匭而待條答。

**五曰窮理**

今格致之書，略有譯本。功課畢後，由教習隨出數道問題，使精思以對，然後教習乃將所以然之理示之。

**六曰學文**

每日課卷一次，當以詞達為主，力求條理細備，詞筆鋭達，不必求工。苟學無心得，而欲以文傳，亦足羞也。

**七曰樂群**

每月以數日為同學會講講期。並各出札記，互相問難。

**八曰攝生**

七日來復，中西同俗。起居飲食皆有定時，以上八條，每日功課所當有事。以下二條，學成以後所當有事。

**九曰經世**

經世必深通六經周秦諸子為經，以求治天下之理。必博觀掌故沿革與泰西古史為緯，以求治天下之法。

**十曰傳教**

孔子之教，非徒治一國，乃以治天下。當共矢宏願，以傳孔子太平大同之教於天下。

時務學堂的施教方針，不如萬木草堂之雍容閒雅，而勇猛切實得多。養心是提倡不怕死的精神，讀書札記皆以中國文化為主，而開出民族主義之門路；至以文人為足羞，尤為任公治學的特色。此四十名學生中，死於庚子（一九〇〇年）唐才常自立軍湖北起義之難者六人，民國元年歡迎任公於北京者僅二十餘人，范源廉時任教育次長，蔡鍔時任雲南都督。時務學堂於光緒二十三年丁酉（一八九七）十月開課，未三月即放年假。二十四年（一八九八）正月，任公大病，乃赴滬就醫，即不再往。蓋任教時，每日上課四小時，夜則批答札記，每條有至千言者，故常徹夜不寐。遂至積勞成疾了。

據狄楚青筆記，謂「任公臨行時，與南海商教育方針。當時同人有兩個主張：一漸進法，以立憲為本位；一急進法，以種族革命為本位。任公極力主張急進，南海亦無異詞。」到時務學堂任教後，對學生札記的批語，尤多種族革命之詞。有「屠城屠邑，皆後世民賊之所為。讀揚州十日記，尤令人髮指眦裂。」有「興民權者，斷無可亡之理。」有「二十四朝……間有數霸者生於其間，其餘皆民賊也。」

任公又密函陳寶箴，意謂湖南名為籌備自治，陰可佈置獨立。請其師竇融河西故事，蓋欲為維新派得兩湖為根據地起見。並急於募款通湖南至廣東之粵漢鐵路，以廣東為後方，湖北為前線，而湖南居中策應。但措詞殊為委婉，認為聊備萬一之舉。謂「脫有不幸，乘輿播遷，而六飛有駐足之地。大統淪陷，而種族有依恃之所。」公車上書所稱遷都備戰各節，原為製造漢族獨立的機會，至此益明。陳寶箴是榮祿保薦的人，此等有重大造反嫌疑之舉，決不肯如此幹的。戊戌政變後，陳寶箴僅獲免職，而無遣戍的處分，就是因為他已首先辭退任公，而湖南新政，亦已名存實亡之故。張之洞並派梁鼎芬前來襄助清理，至明斥梁任公為「會匪」。並嗾令王先謙等開始攻擊，以任公諸人手批之札記為證據。如此不特任公不得不走，即黃遵憲、譚嗣同、沈錫瑞等，亦不得不離開了。

任公自湘扶病回滬之日，真是義憤填胸，悲壯萬分。在輪船與被解聘之同人約曰：「吾國人不能捨身救國者，非以家累，即以身累。我輩從此相約，非破家不能救國，非殺身不能成仁。……同此意者，即為同志。」這班南海萬木草堂學生，從此不復為南海的學生，而為任公的同志了。歐榘甲，葉覺勱等，以後即提倡種族革命，而與南海分家。而任公之徒，唐才常與林圭、蔡忠浩等眾人死於漢口，梁鐵君以謀殺慈禧不成，死於北京，更是實行種族革命的同志了。

## 戊戌變法

如以文化觀點，視戊戌變法，列為中國之啟蒙運動，康梁實一樣重要。若以政治觀點言，似康較梁為重要，然皆為配角之配角。因為光緒所任命的辦理新政大臣：鐵路為王文韶、張蔭桓，輪船礦務為盛宣懷，學務為孫家鼐。康梁只分得官報與譯書局，其譚嗣同、楊銳、劉光第、林旭四京卿，與擬開懋勤殿以位置之康梁與宋伯魯諸人，實僅被視為文學侍從之臣而已。甚至與康梁接近之大臣，如李端棻、徐致靖，皆未委辦新政。新軍負責人則未提及，光緒蓋知慈禧不肯放手，且已委任榮祿，所以初未提人。後來知慈禧要將其軟禁，始挺而走險，提袁世凱。

百日維新，光緒曾十二次到頤和園請示，得慈禧許可始頒上諭，故慈禧是應當共同負責的。但慈禧因光緒使慶王告她，謂「我不願為亡國之君，如不與我權，寧願讓位」因而惱了。遂冷笑答道：「他還不願幹呢！」於是廢光緒再立幼主，俾再得垂簾聽政之意已決。但光緒究竟做了二十四年的皇帝，要找個藉口，才能廢掉他。遂師鄭莊公放縱共叔段之故智，讓他幹新政，待弄出亂子來，才來廢他。

慈禧所以對光緒關於新政的請示，輒含糊答應。但願其愈新愈好，新得朝議紛然，引起守舊大臣之反對，然後出而維持，以廢掉光緒。尤恐翁同龢要勸光緒慎重，俾其無所藉口，乃於四月二十七日，將翁革職回籍，二十八日光緒始召見康有為。並於二十五日，任榮祿署直督，兼北洋大臣，擬於九月間，偕光緒赴津閱兵廢之。蓋以迅雷不及掩耳的手段在天津舉行廢立，以防大臣的諫阻，故在京多恐不便。

是時慈禧已陰將近畿實力，把握到自己手中。宮內警衛，多年來皆由總管李蓮英負責。光緒行動，隨時在監視中，宮中早已只知有慈禧，而不把光緒當作皇帝看待。頤和園至京城沿途的警衛，由三旗包辦，兵部尚書懷塔布負責，他是慈禧的親戚，其妻女皆隨侍有年。京師治安，由步兵統領崇禮，與神機營總管慶親王分別掌管，亦同為慈禧的親信。再加上榮祿所統率之北洋聶士成、宋慶、董福祥、袁世凱，亦四萬人。因此慈禧隨時皆可廢立，隨時可以停止新政。

所以認真說起來，光緒始終是慈禧的傀儡。慈禧則有虐待狂，她曾殺死議政大臣肅順等，又曾鴆死慈安。但她已多年找不到發洩的機會，乃培養其傀儡之光緒，成為貌似對立之帝黨，將其擊敗，以發洩其虐殺狂。大概飽經憂患的人，都有此類的歇斯脫里病。故以政治觀點論，徒見慈禧與一般群魔，作不必要的張牙舞爪以死傷人。而光緒與一般大臣，固是應著群魔音樂在那裏跳舞的傀儡。至康梁則做了傀儡之傀儡，依著傀儡口令，在那裏作自殺表演。其能跳出慈禧「老佛爺」掌心以外的，真是道行比孫行者還高了。

南海於二十三年（一八九七）冬進京，乃上聯英日以制俄之書，交翁同龢代上。本定於十二月十八日離京，行李已上了車，而翁留之。十九日翁諷給事中高燮曾奏任南海加卿銜出洋。旋命諸大臣見之於總理衙門，時為二十四年正月初三。恭慶二王未到，到者為榮祿、李鴻章、翁同龢、廖壽恆、張蔭桓，而康南海以舌戰群儒之姿態出現。榮祿以祖宗之法不能變為言，康答以倘不能守祖宗之地，何有於祖宗之法？且總理衙門，在祖宗之法上，亦何嘗有？李以六部全廢，則例全撤為問？康以開十二局以代部寺作答。翁問以籌款之法，康告以行新政，則歲入可增十倍，對答計達三數小時。乃於七日上書開制度局，行憲法與各省地方自治，由總署代奏。

為續強學會之舊，以集結同志，乃先開粵學會於南海館。又創經濟學會，欲奉慶王為會長，未允，乃改為知恥學會，以聯絡滿人。二十四年春，閩、關、蜀各省學會，均先後成立。而康廣仁又偕任公來京，道其在湖南活動之經過。乃仿南學會之意，於閏三月二十二日，開保國會於粵東館，為各省學會之總會，四日即為御史所劾罷。時翁同龢亦欲其歸，乃定於二十四日出京，但又不果行。

適光緒採納徐致靖之薦，於二十五日上諭，傳見康有為於頤和園之仁壽殿。時在四月二十八晨，南海自稱為奏對逾九刻鐘，而張元濟與之同日召見，則謂僅一刻鐘，疑康之張大其詞。康首稱覆亡無日，光緒即謂非變法不可。康謂法須全變，若稍變一二，乃變事而非變法。變法之道，為用新進而不去舊臣，下明詔而不交部議。乃條陳廢八股，發紙幣，整頓田賦，廣譯西書，派人遊學諸事。未及一星期，光緒果下上諭廢八股。百日維新之書，關於新政之上諭極多，任公曾集為一帙，皆為曇花一現，故不贅述。惟所下明詔之措辭，皆出於康氏進呈譯書之按語。南海乃大興奮，促任公與麥孟華，助其編譯進呈之書。計有《日本變政考》、《波蘭分滅記》、《法國變政考》、《德國變政考》、《英國變政考》、《大彼得變政記》、及李提摩太之《泰西新史攬要》諸種。七月初四日，派李岳端，傳旨嘉獎，並賞銀二千兩。

七月十四，上諭以林旭、劉光第、譚嗣同為四品卿。後又決開懋勤殿，命康有為、黃遵憲、梁啟超、康廣仁、麥孟華、譚嗣同、宋伯魯等十人入值。並擬以李提摩太為顧問，且有以伊藤博文為總顧問之說。慈禧以維新派人欲以外力威脅她，如能運動成熟，則已軼出其控制範圍之外。遂將九月間之政變，提前至七月底實行，務期先發制人，於伊藤到京前辦完。七月二十八日，董福祥軍隊已入外城，二十九日光緒已有密詔交楊銳與康有為，暗示其立即逃出北京了。至所謂光緒命袁世凱勤王，與袁世凱之告密，皆為政變已經揭幕，八月三日以後的事。袁世凱不過奉命來扮演此一幕戲劇化之政變的丑角而已。

## 康梁流亡日本

政變的提前在七月底揭幕，亦是慈禧之歇斯脫里使然。任公撰《戊戌政變記》，以論者歸咎維新派之操切與過激，致引起反動，殊非事實。蓋維新派之失敗，已定命於四月二十七日翁同龢免職之時。以翁為帝之親信，慈禧而果肯讓光緒推行新政，必留翁為其臂助。而裁撤閒散衙門，則為激起守舊者集體反對之不智行為，但此係岑春煊的奏請。康梁們不特未預聞，且尚有位置散員於新設衙門以圖補救之計劃。但這些事，已足以供慈禧發動政變之藉口了。光緒以兵部尚書懷塔布已經革職，故其維持頤和園外治安之三旗包衣一職，亦一併免去，而代以載勛。遂為光緒與康梁謀派兵圍頤和園之謠言所從來，甚至保國會是保中國不保大清之讏言，與太監在茶館所聽到的自己所播送的謠言，慈禧亦寧信其為有了。

尤其在外交上，英艦之遊弋津沽，可作為劫光緒南下遷都看。伊藤博文來京遊歷，可作為光緒之外國「商山四皓」看。常識不夠，而又控制不住自己的神經病，故提前在七月終發動政變。擒賊先擒王，乃把光緒監禁起來再說。此等神經病的行動，實污衊外交團過甚，當然要引起其反感，遂至干涉廢立。而慈禧則以鼓勵義和團為對策，這是神經病發展到頂點了。

袁世凱之召見，在八月初二。初三徐世昌到康有為處表示無能為力，袁亦無辦法，不禁大家號咷大哭一番。是夜譚嗣同訪袁，提出設立參謀本部，命袁專司練兵，遷都上海改元，與殺榮祿以規諫慈禧諸事，皆為其幻想，而非辦法。維新黨之所以責袁者，都是他絕對做不到的事。至袁氏回津，所謂向榮祿告密之舉，已在八月初五。其時政變已公開，實無密可告，即有其事，亦不過為自全之道而已。袁氏以後所發表的日記，與維新派責袁之製造政變以賣友，均為過甚之詞。

康有為亦知袁氏之不能有挽回局面的行動，故於初五日離京赴津。至津後住佛照樓旅社，先登招商局之海晏輪，後改乘太古之重慶輪至滬。慈禧立電煙臺地方當局捕之，海軍兵輪飛鷹，追至中途，藉詞無煤折回。又命上海道捕之，以李提摩太電滬英領營救，英領請示英政府得准，遂以小汽船截之於吳淞，轉駁於赴香港之郵船，以軍艦護送之福州洋而得免。

同日就停開火車，關閉城門，步兵統領崇禮親自四處拿人了。他先到南海館，索康有為不得，捕康廣仁以歸，又到張蔭桓處索有為亦未獲。八日楊深秀以上書請勿訓政被捕，九日林旭以入直被捕，又捕楊銳，而劉光第、徐致靖乃自投案。十日譚嗣同被捕（康有為《自編年譜》，謂譚於九日被捕實誤）康、林、劉、譚、二楊六君子於十二日被殺於菜市，並未經刑部會審。李端棻、張蔭桓遣戍新疆。徐致靖、仁鑄、仁鏡、陳寶箴、陳三立、王錫蕃、江標、宋伯魯、李岳瑞、張元濟、熊希齡，革職永不敘用。翁同龢交地方官嚴加看管。黃遵憲在滬，亦一度被監視，文廷式則在逃於滬。張之洞初亦恐慌，以托盛宣懷為代向榮祿疏通得免。此外太監被殺者數十人，連唱戲的想九霄亦被株連，而遭通緝。

任公的逃亡情形，見其所撰的〈譚嗣同傳〉，他二人殆以程嬰與公孫杵臼自任。然何以譚嗣同一定要死，據最近陳叔通所發表之戊戌回憶，謂為免其七旬老父被拖累之故。嗣同閉門三日，造作乃父訓子之書多封，以表白其反對新政的態度，其父繼洵果因以只是去官而止。任公本無留戀，但於六日到日本使館時，還是打算救光緒與南海，並不是去托庇保護的。茲摘錄日本公使林權助當年日記數段如下，以見連日本人都佩服任公的不怕死精神。

「年輕能幹的梁啟超，跑到我的地方來。……梁啟超是中國罕見的高潔志士，是熱心策劃北京政府，圖根本改造的大丈夫。」

「他的臉色蒼白，漂浮著悲壯之氣，不能不看出事態之非常。」……

「梁直截地說：『請給我紙』。馬上寫出下面的文句，『僕三日即須赴市曹就死，願有兩事奉托。』……

「通譯出來了。……所以停止筆談。」……

『譚嗣同、楊銳、劉光第、林旭等志士，都被逮捕。其首領是康有為，想也快要被捕殺頭，皇上不用說已被幽閉。……如果我被捕，最遲在三天內也將被殺。我的生命早就準備獻給祖國，毫無可惜。請解皇上之幽閉，……並救康有為氏。所說奉托之事，只此二端。』

「我決斷地說：『可以。君說的二事，我的確承擔。』

「我又說：『你為什麼要去死呢？……我救你啊！』

「梁氏聽了我的話，暗暗落淚，同時倉皇而去。」……………

「伊藤公說：『那麼一切明白了。雖然如此，姓梁的青年，是個非凡的傢伙啊！真是個使人欽佩的傢伙。』……

「到了夜晚，公使館門口騷擾著。……梁氏飛快地跑了進來。……把梁氏放進一個屋子裏。……告訴伊藤公。」……

「伊藤公說：『這是做了好事，救他吧！而且讓他逃到日本去吧！到了日本，我幫助他。梁這青年對中國，是珍貴的靈魂啊！』」

# 四、流亡辦報時期

## 悲憤的出走

任公的出走，並無恐慌的心理，而是滿懷為同志復仇的情緒。假使稍有畏罪潛逃的慌張神色，恐怕在天津就被截獲，根本逃不脫。原來日領事鄭永昌偕任公至天津，在火車站下車時，就為熟人所發覺尾追。等到半夜十二時他們趁快馬小汽船上日本兵船時，即被清廷兵輪所截阻，並登小汽船來盤問。這是榮祿所派的候補道王修植，與日文翻譯，及兵丁數人。任公老是怔著不肯答話，裝做不懂的樣子。鄭永昌謂這是他們日本人，根本不懂話。他們遂去下游，再到日本商船上去搜查。而任公則往上游日本兵輪，遂免於難。

有人謂這是榮祿故意放走任公，藉以賣個交情。王修植是創《國聞報》的，不特同情維新派，而且是任公的朋友。榮祿亦陰知之，特命王修植去放走任公，只是瞞過翻譯與兵丁而已。清末官場上，最盛行的是這種「兩面光」政策，而榮祿對光緒對翁同龢，都是如此，尤其在義和團時代，更顯得首鼠兩端。李鴻章亦復如此，其拜命總督兩廣，本有查抄康梁家產，發掘其祖墳的使命。然李並不如此做，竟函伊藤，勸任公好好學外國文，俾為國用。但任公是不受安撫的，對李鴻章則覆函斥其在粵貪污，於榮祿則認是佞臣，誓非斬其頭以復九世之仇不可。他作去國行以攄其壯懷，真是金聲玉振，如怒濤之澎湃。其詞如下：

嗚呼……濟艱乏才兮，儒冠容容。佞頭不斬兮，俠劍無功。君恩友仇兩未報，死於賊手毋乃非英雄。（按這時說明為將來報仇而不死，並非因貪生而逃亡。）東方古稱君子國，爾來封狼逐逐[1]，磨齒瞰西北，唇齒患難尤相通。（這是說明中日有共同防俄之必要。）大陸山河若破碎，巢覆完卵難為功。我來欲作秦庭七日哭[2]，大邦猶幸非宋聾。（按這是求日本的援助，來推翻親俄的滿清。）……吁嗟乎，男兒三十無奇功，誓把區區七尺還天公。不幸則為僧月照，幸則為南洲翁[3]。不然高山、蒲生、象山、松陰之間佔一席，守此松筠凜嚴冬，坐待春回終當有東風。（按這是誓死去報仇與建國之念。）吁嗟乎，古人往矣不可見。……披髮長嘯覽太空。前路蓬山一萬重，掉頭不顧我其東。（按此為表示與清廷訣絕之意。可見其以後之標榜保皇，僅為號召，而於革命排滿，倒具真誠。）

1 北狄稱為狼種，係根據《元秘史》。
2 康梁赴日，原欲日本救光緒。故以申包胥赴秦乞師，援楚敗吳以復國喻之。
3 這些都是推動維新運動的日本人。

不料到日本後，連碰了各方面日本人的釘子，大與所預期者相反。日本人是以義始而以利終的民族，最初激於大義，而挺身援助，固然是真誠。但事後為利害打算一下，就不免一反其所為，連最初之真，也與假的沒有什麼兩樣了。康梁一到日本，更引起軍部的抗議，政府只招待了數星期就停止了。軍部以為日清邦交方睦，而與袁世凱，已有密切聯絡。不能因援助毫無作用的康梁，把感情弄壞，致前功盡棄。所以軍部主張，乾脆把康梁引渡，交回中國政府，藉使中日邦交更加親睦。即不然，亦當驅逐康梁出境，以免破壞兩國及其私人之原有感情。

這是對伊藤一種直接的打擊，伊藤只好撒手不再理了。乃由元老山縣壽朋出面調解，送九千元與康南海，婉請其出境，康遂離日赴加拿大組黨。任公的聲名則次於南海，認為留日無妨，乃讓其住下去。但援助與支持，是沒有了，所謂大隈出面，改由進步黨招待之說，亦未能真正實行。任公與大隈，既不常見面，去找過林權助一次，亦毫無結果，垂頭喪氣而返。林權助在日記上說得如此熱烈，卻與其在事實上之表示得十分冷淡，形成強烈的對比。而日本人矛盾的性格往往有出人意外的此類表現。

對日援助絕望之後，大家都沒有辦法了，意志堅強的人，當然要繼續幹下去，求於無辦法之中，努力弄出一個辦法來。但意志薄弱的人，明知沒有辦法，就不願跟隨下去，而非另想出路不可。王照與任公同船到日本，因為他曾主張光緒遊歷日本，博得日本人好感，才救了他。但他本來是依附教會的，後來見康有為有辦法，才依附上來。他以《方家園雜詠》的幾十首記事詩著名，認慈禧裕隆皆為亡國的妖孽。方家園為慈禧出生的所在地，而以滿清亡於方家園為其詩旨。現在見了康梁無辦法之後，遂改口說擁光緒變法，是康梁的錯，變法非以期諸有權力的慈禧不可。蓋其志在與康梁立異，以便脫離他們回去靠攏慈禧。王照不久便回到上海做和尚，光緒二十六年（一九〇〇年）後，竟回到北京去自首請罪。慈禧在拳亂後對維新黨人，力求寬大，故不去罪他，而王照待罪刑部時，得秋瑾上下打點，得以開釋了案。但王照希圖靠攏後重新起用的目的，則未得達。社會上亦漸不重視其言論，而忘記了他。此人於民國十八年任公死時尚活著。這是一位標準的無行文人而已。

任公到日後，革命黨人倒曾給他以鼓勵與安慰。陳少白即帶日人平山周去拜訪他，以後孫中山與梁任公過從尤密。但大家都在沒有辦法時期，所謂合作，都是空話。此時只有各人盡其在我，各自謀其出路而已。在沒有辦法時，仍要幹下去之求其在我的精神，青年們是應當效法的。

## 《清議報》

《清議報》是華僑出資來辦的，差不多橫濱的中國商家都附股。康梁那時，頗得華僑之擁護。橫濱大同學校，是早辦的，後來在東京又增辦大同高等學校。故當時華僑財力，殊為充裕，在《清議報》外，尚能創立其他事業。廣東人在海外，對同鄉是盡量支持的，何況對於出類拔萃之梁任公？其時謠傳為明治天皇招待他們，豈有不出錢助其辦報之理？

在未論及本題之先，擬將關於《清議報》若干謠言，先行澄清一下。第一王照說任公騙了李端棻二百兩金子，去辦《清議報》是謠言，此不特污衊任公個人，而且抹殺華僑之共同努力。第二馮自由所述其父與叔，批評任公之言，是意氣用事。其父與叔，分任上海廣智書局經理，與《清議報》《新民叢報》經理。而多數華僑均為《清議報》股東，並非馮家獨資創辦。馮自由本是任公的門人，因為編了一部《政治學》，上海廣智書局來函責其草率，遂因失望而離開。馮是先與其父親鬧翻，始與任公鬧翻的。第三秦鼎彝在東京，僅與任公之湖南學生住在一起，張難先謂為《清議報》總編輯者實誤。而《清議報》與《新民叢報》之編輯為陳侶雲，其人在民初任職司法界，不久即死了。

任公於戊戌九月間到日本，《清議報》即於十月出版，可見當時附股之踴躍。因為推銷《清議報》與若干新書，乃在上海設立廣智書局。那時任公的文章，人爭傳誦，真是洛陽紙貴。而廣智書局為獨家生意，時尚未有商務印書館，故營業頗有起色。得有盈餘以潤其維新派同人，但終以此，而卒拖垮了書局。

《清議報》為旬刊，共出了一百期，至辛丑年（一九〇一）十二月始停版。以較《時務報》，因少牽制，遂得暢其心中所欲言，黃公度以為好過《時務報》。清政府雖欲禁之，但上海租界與內地交通頻繁，頗有愈禁愈暢銷之概。其宗旨見於敘例，謂「剝極必復，列國改革之始，未嘗不先之以桎梏刑戮干戈之慘酷。世人徒羨其後此民人之自由，國勢之勃興，而不知其擲幾多頭顱以易之也。安知二十世紀之支那，必不如十九世紀之英、俄、德、法、日本、奧、意？是用共興《清議報》，我支那四萬萬同胞之國民，當共鑒之。」

其內容分為六欄：一曰支那人論說，即為社論；二曰日本人及泰西人論說，即是譯述；三曰支那近事；四曰萬國近事；五曰支那哲學；六曰政治小說。任公盛稱小說為國民之魂，然看不起中國的舊小說。以為《水滸》《紅樓》，不過誨淫誨盜而已。若各國之政治小說，則為促各國之進步者。其時僅改寫成《佳人奇遇》、《經國美談》二種，以後專出新小說雜誌，而《新中國未來記》為其創作，尤為人所稱道。

譚嗣同的著作，及其《仁學》，藉《清議報》而得廣其流傳。亦可謂不負死友，而有以振其黨之氣了。任公自己的文章，凡合集上所載，自光緒二十四年冬至二十七年止者，皆在《清議報》上發表過。任公自稱其文，為「應於時勢，發其胸中所欲言。然時勢逝而不留者也，轉瞬之間，悉為芻狗。……偶有著述，不過演師友之口說，拾西哲之餘唾，寄他人之腦之舌，於我筆端而已。」但任公應時之文，若〈自由書〉、〈少年中國說〉，不特成為報館社論之模楷，且已選入小學國文教科書中了。時勢雖已過去，而任公應時之文，迄今仍流傳不衰，真所謂超越時代的英雄了。

任公長於傳記文學，其時成《李鴻章傳》、《康南海傳》二種。康傳撰者，有十種以上，而以任公所撰，最為膾炙人口。任公對南海，既能對其優點，揄揚備至，而於其缺點，亦直言無隱。其時任公大讀日本書，孟晉無已，自不為舊日師說所拘。而康梁既在思想上分家，終在行動上背道而馳，這是維新派的重大損失。

光緒二十六年（一九〇〇）唐才常漢口起義失敗以後，任公知道實際政治運動，已無力再舉，乃開始作長期研究學問的打算。《清議報》本與《時務報》相同，討論實際政治的文章為多。此後乃轉變作風，改而介紹西洋學術，專以啟廸國民知識為務，類於以後的《新民叢報》。如斯片挪莎、盧騷諸人學說之介紹，皆始於此時。

在其《清議報》一百冊祝詞中，任公認為該報之特點有四：為倡民權、衍哲理、明朝局、厲國恥四事。而該報所遵奉之原則亦有四：

一曰宗旨定而高。牟利、媚權貴、悅市人，何嘗不可為報之宗旨?特不為最多數之國民立言，故不高耳。

二曰思想新而正。凡造成新國民者，不可不輸入他國事物理論，相劑而成新思想。採其有利無弊之思想，是之謂正。

三曰材料豐而富。分門別類，包羅萬象，而選擇又極嚴，使閱者閱一字得一字之益。

四曰報事確而速。以造謠生事為大戒。

以上四個原則，《清議報》確屬能做到。它不求銷路，而銷路自至，蓋為國民立言，自得多數人的擁護，而以先睹為快。但只有一位女讀者，讀了之後，捧著《清議報》大哭，說太糟塌她了，其人即為慈禧。除已懸賞十萬金，購康梁之頭外，並續命劉學詢，輦數十萬金至日，欲得任公而甘心，並以毀滅《清議報》為其最後目的。劉學詢遂利用日本浪人，放火燒了《清議報》，任公以避至東京得免。劉學詢後偕日人至新加坡，欲晤南海，南海拒與見面遂返。但劉卻藉此而發了一筆大財，竟在西湖上經營其最豪華之別墅，名曰劉莊，圖得一個下半世的快活。

## 保皇黨

保皇黨，是保光緒皇，而反對慈禧的集團。政權在慈禧手中，反對慈禧便是反對滿清政權。以擁護光緒為名，則為反對慈禧的一個好方法，這是師「為義帝發喪」的故智，俾與外交團及上海保皇運動相呼應。但亦不諱言與清室妥協，而妥協的條件，只是「立憲」。他們顯為反對革命，但有時亦實行革命，且與革命黨合作。唐才常之漢口自立軍起義，不是掛著保皇招牌，做起革命運動麼？

戊戌年光緒被幽禁以後，上諭皆由慈禧簽名。本擬立載漪之子溥儁為皇帝，內定於庚子年（光緒二十六年）正月初一登基，改元普慶。命李鴻章探各公使意旨，某國公使即說，「此貴國事，吾國何得干預？惟以後不認中國新皇帝耳！」同時英日皆以不承認之意，告慶親王奕劻，奕劻跪請勿廢立於慈禧之前至數小時。榮祿調和其間，乃先立溥儁為大阿哥，而不即廢光緒。大阿哥名為繼承同治，實為太子之別名，蓋太子在清制是不許設立的。

兩江總督亦反對廢立，有「君臣之分已定，中外之口難防」等語。於是上海民間保皇運動以起，聯名一千二百餘人，發電請光緒勿退位，由上海電報局總辦經元善領銜。電文上說：「譯呈總署王爺中堂大人鈞鑒：昨日卑府奉到二十四日電旨，滬上人心沸騰。探聞各國有調兵干預之說。務求王爺中堂大人，公忠體國，奏請聖上力疾臨御，勿存退位之思。上以慰太后之憂勤，下以弭中外之反側，宗社幸甚，天下幸甚。卑府經元善，暨寓滬各省紳商士民，葉瀚、王季烈、馬裕藻、章炳麟、江年詒、丁惠康、唐才常、經亨頤、蔡元培、黃炎培等一千二百三十一人，合詞電奏。」奔走其事者為保皇黨之葉瀚、唐才常、汪康年，而許多革命黨人，亦參加此一運動。

時康有為已將加拿大、美國各處之保皇黨組織起來。乃用各處僑民名義，發出反對「名為立嗣，實則廢立」之電，凡一百六十七通。直遞清廷。並另電英外交部，請其飭令使臣，保護皇上。藉可與國內外交團以及民眾之保皇運動，作桴鼓之應。慈禧認為都是康梁在那裏搗亂，遂大怒曰：「此仇必報。」時方食，取玉壺碎之曰，所以志也。乃頒上諭曰（二十六年正月十六日）：「康有為、梁啟超罪大惡極，迭續曉諭，令各省督撫，懸賞購緝，尚未弋獲。該逆等開設報館，肆行鼓簧，悖逆情形，殊堪髮指。著沿海各省督撫，仍行明白示諭。如有能將康有為、梁啟超緝獲送官，立即賞銀十萬兩。該逆所著書報，嚴查銷燬。以申國憲，而安人心。」等語。

時保皇黨在海外，已如火如荼的發展起來。康南海於光緒二十五年三月自日本至加拿大，始於六月十三日，在域多利成立保皇會。惟此為中文的會名，冀在中國發生號召力，而英文譯名則為維新會。保皇會先遍及加拿大各處，再繼續在美國各地成立。後在墨西哥，中美南美，凡華人所到之處，均設有保皇會。計共總會十一，支會百零三。經費集至數百萬，後以振華公司與墨西哥銀行之垮臺，遂至枯竭。康南海任正會長，梁任公、徐君勉任副會長，而大權則集於徐君勉一身。

任公於光緒二十九年遊美，以保皇黨領袖資格晤見總統羅斯福。並為限制華人入境事，展開國民外交，與國務卿海約翰談四小時。足見美國政府之重視保皇會，其詳具見任公之《新大陸遊記》。日本之保皇會，亦於光緒二十五年成立。橫濱之華僑二千人，幾乎全體加入，對任公所辦之文化事業，擁護尤力。南洋以不許政治活動，故無保會之公開組織。但康南海長住新加坡之殷商邱菽園家中，所以捐款殊多。唐才常之自立軍起義，即恃南洋邱菽園諸人之捐款。時海外反對滿清之力量，自推尊保皇黨了。

## 上海國會與勤王

伍憲子《民憲黨史》，謂保皇黨之「勤王運動，幾乎全部的總動員。康有為駐新加坡。……徐勤則奔走南洋各埠。梁啟超駐檀香山。……梁啟田則遊美。澳門則由何德田，王鏡如，歐矩甲，韓文舉等負責。上海則唐才常，狄葆賢負責，並聯絡長江一帶。兩粵則梁炳光，張學璟等負責。日本則麥孺博，葉湘南，羅孝高，黃慧之負責。」運動規模之大，可見一斑，預備款籌足後，即行大舉了。

任公以副會長資格，名為赴檀香山開保皇會，實則負籌款之責，而此行是失敗的。任公於二十五年（一八九九）冬成行，舟中成壯別之五言古詩二十六首。茲札錄三首，以見其抱負之大。

丈夫有壯別，仗劍行復仇。一卮酬易水，如聞風蕭蕭。
今我共蹉跎，墓草復已凋。中夜栗然起，春江號怒潮。

（按此點明為譚嗣同復仇而起義，已嫌太遲了。）

公當從此逝，我亦恥懷居。勞燕分寥郭，魚龍待簡書。
發機當起陸，養晦且懸車。珍重再相見，頭顱百戰餘。
（按此言與到中國去的工作人員分別。）

極目覽八荒，淋漓幾戰場。虎皮蒙鬼蜮，龍血混玄黃。
世紀開新幕，風潮集遠洋。欲閒閒未得，橫槊數興亡。
（按此言出兵而預祝勝利。）

任公以一八九九年十二月三十一日，登陸夏威夷島，清廷領事大為驚駭，要求當地政府，將任公放逐，或與監視，皆未之許。適不幸檀島發生鼠疫，以防疫故，雖禮拜堂戲院，亦停止聚眾，開會尤所不許。而整條街道被焚，華僑各商店，悉遭此厄。元氣既傷，重建匪易，籌餉勤王，遂談不到了。乃於光緒二十六年二月十三日，函邱菽園，謂「檀島經瘟疫之後，華僑元氣大傷。弟與數美人謀，皆言菲島游勇可用。若能駕馭之，與內地豪傑相應，此善策也。惟需款百萬，望南洋與美洲合籌之。」

任公擬少住一月，赴美籌款，金山大埠華人已來電邀。總署聞之，乃責成美使伍廷芳阻其登岸，並謂梁啟超乃伍所曾保薦，必須加以阻止。伍使與國務院交涉，未獲結果，乃發動金山中華會館，函阻其前往。函中多恐嚇語，有謂「官吏懸賞購刺。無賴小民，及貪利洋人，既已預備藥彈匕首以待，切宜自愛，勿投身險地」云云。任公未為所動，覆以「既畏死終不任事，一俟輪船恢復，便當前來面謝」等語。但輪船卒未恢復，故阻於檀島者半年。

任公主張未籌備好不可輕舉妄動，如要發動，還是在廣東，以取得革命黨合作為宜。任公根本反對在漢口作孤軍奮鬥；而且張之洞不易應付，亦為任公所深知。他於三月三十日〈致南海書〉曰：「未得廣東，而大舉進攻，洪秀全之事，可為前車。彼賊（指張之洞）部下各軍雖無用，然亦有千餘人曾經西人訓練者。所用之械，非我能及，我以孤軍深入，千里饋糧，前有勁敵，後無老營，豈可必勝乎？粵吏所恃者一安勇，龍州有事，必調安勇，我可乘虛而奪廣州。」

其所謂龍州有事，蓋指革命黨有力量在外府策動叛變，這大概是孫中山、陳少白告訴他的。革命黨是年十一月，鄭弼臣果在惠州起義，翌年又在鎮南關起義，亦即任公所指之龍州。其時任公與孫中山聯絡得極好，漢口起事，孫亦派畢永年參加。任公祖餞唐才常、林圭，吳祿貞，傅慈祥之日，孫中山、陳少白亦來作陪。惟漢口之役既沒有合作好，移至廣州舉事，亦不會好的。況且與革命黨合作，南海決不答應。而且不在漢口舉事，則兩湖人失其用武之地，唐才常等失去為譚嗣同復仇之目標，會黨中人即不肯投袂而起。所以任公此一主張，終在事實上行不通。會黨既為唯一主力，而所要的是錢，錢籌不夠，終屬失敗，保皇黨既犯此病，革命黨亦莫不然。

保皇黨乘義和團之變，八國聯軍打北京的機會起義。原以為可取得各國的協助，乘中國亂時，取得南方一二省以為根據地，掛起保皇旗號再說。不料李鴻章、張之洞、劉坤一，比他們更精。先謀與外人妥協，締下東南互保之約，與外人共同來維持治安，務使其無隙可乘，而後已。李鴻章首倡此說，這是他平定太平天國的老方法。並邀劉坤一加入，劉亦參加平定太平天國的戰役，故殊瞭解，乃首先贊成。張之洞初猶懷疑，後來亦跟進。

五月互保約成，而北京已將陷落，和平在望，給與起義者之機會，為日已無多了。容閎負責所運之軍械，始終得不到英美人的協助，運不到長江上游去。而義和團是仇外的，康有為不知有東南互保之約，還以為是外人不滿義和團之故。乃決在上海開國會，以明此舉為知識界所發動。

七月一日，開國會於上海愚園，到者百餘人，推葉瀚為主席。宣佈開會宗旨，為不承認通匪矯詔的偽政府，選容閎為會長，嚴復為副會長。唐才常、鄭陶齋、張元濟、葉瀚、邱公格、汪子健、沈少沂、汪穰卿、丁叔雅、汪劍、狄葆賢、吳彥復、孫仲愚等為幹事。四日開第二次會，推唐才常為總幹事，章炳麟、宋恕、文廷式、沈藎、龍澤厚等為幹事。並出版《同文日報》，化名日人，以鼓吹之。但文廷式已將國會內容，及其在長江之目的，去向張之洞告密去了。此人數年以來，頗著聲譽。但此後即無人提及，亦不知所終。名士之下場，往往如此，其寂寞是可想見的。

## 自立軍之失敗

國會以外，有一秘密組織，唐才常本定名為正氣會，後以遵從南海意旨，改為自立會。意在團結會黨，但須改其排外之素習，以得外人諒解為主。故會名自立，其起義之部隊，亦名自立軍。將各會黨原有不同之票證，一律取消，而統一發行，名為「富有」。但又有另一種票式，為「貴為票」。合之則為「富有天下，貴為天子」之意，而隱嵌「有為」二字。茲舉「富有票」之格式如下：

**富有票山堂香水口號詩句**

富有山　天下水　萬國香

會　辦　樹義堂

內　外　口號　日新其德　業精於勤

萬象陰埋打不開　紅羊劫運日相催

頂天立地奇男子　要把乾坤扭轉來

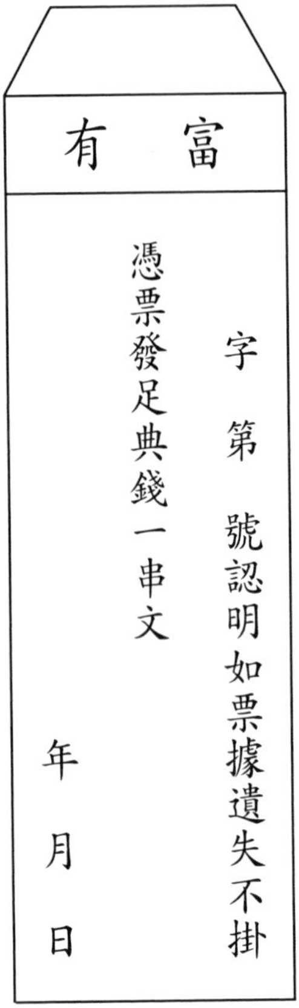

此項票據的術語，一仍哥老會之舊，但用洋紙精印。己亥冬任公派唐才常、才中、李炳寰、田邦璿、蔡鐘浩、秦鼎彝六人返國。由一日本人護送，使他們皆喬裝為日人，以策安全。他們都有日人的化名，如才常化名為田野民治，才中化名為田野民卓，蔡鍾浩化名為松陰次郎。他們本欲以湖南為根據地，設立報館、學校、譯書局，為自立會機關。以湘撫俞廉三，防之綦嚴，不果行。

林圭先回國，在漢口已設立機關，乃奉才常前往主持。圭亦時務學堂學生，惟圭與革命黨合作，畢永年亦參加。乃散發「富有票」，分地段以設旅館，為會友及其他黨徒往來寄宿之地。在漢口者曰賓賢公，襄陽曰慶賢公，沙市曰制賢公，荊州曰集賢公，嶽州曰益賢公，長沙曰招賢公。

同時刊佈會章，稱新造自立之國。其規條有「不認滿洲為國家」，及「本國會深慄危亡」等語。則奉上海所開之國會，為中央政府了。自立軍，分為五路。大通為前軍，秦鼎彝，吳祿貞統之。安慶為後軍，田邦璿統之。常德為左軍，陳猶龍統之。新堤為右軍，沈藎統之。漢口為中軍，林圭統之。推唐才常為總司令，李炳襄從圭治軍書，蔡鍾浩奔走各方，策動其間。原來約定七月十五日，五路同時起事，以軍火未到而屢改期。

其在武漢方面之策動，由傅慈祥聯絡其武備同學，而操兵柄者之鈕永建、孫武、艾忠琦等數十人。由會黨聯絡駐鄂之湘軍統領黃忠浩，巡防營統領方友昇，督標統領吳元塏諸人。而長江一帶會黨之參加者，有湖南哥老會首領馬福益、李雲彪、楊鴻鈞，及長江下游之青紅幫首領徐寶山，辜湯恩諸人。惟會黨之目的在爭錢，唐才常以錢給馬福益，而李雲彪、楊鴻鈞以分配不均為言而爭之，不得乃揚長而去。巡防營之目的，亦在得錢，不得則轉而設法以保住其官職為務。黃忠浩卒自首，致敗漢口之事。其人在辛亥年為民軍所殺。《清史稿》誤以為是盡忠清室，其實在十餘年前，他就不忠了。新軍諸人則在觀望，故自立軍仍以會黨為主力。

秦鼎彝以因與安徽撫署管帶孫道毅友善，故願擔任池州大通一路。至大通後孫道毅果助以槍械，並為聯絡水師營弁。哥老會頭目符煥章，代為在大通，蕪湖，太平一帶散發「富有票」。不料於七月十三日，已為大通保甲委員許鼎霖發覺，捕會黨七人。而皖撫已派武衛軍及定安楚軍馳至彈壓，秦孫等只得在七月十五日起義，唐才常阻之不及。以勢孤陷於重圍而兵潰，秦等僅以身免。

大通自立軍張貼之告示，乃預先擬好，從漢口帶去者，故五路皆一律。其詞曰：「中國自立會會長，以討賊勤王事。照得戊戌政變以來，權臣秉國，逆后當朝，禍變之生，慘無天日。至已亥十二月二十四日，下立嗣偽詔，幾欲蔑棄祖制，大逞私謀。更有義和團，以扶清滅洋為名。賊臣載漪、剛毅、榮祿等，陰助軍械，內圖篡弒，不得則公然與中立諸人為難。因敢廣集同志，大會江漢，清君側而謝萬國。傳檄遠近，咸使聞知。

〔宗旨〕一、保全中國自立之權。

二、請光緒帝復辟。

三、無論何人，凡係有心保全中國者，准其入會。

四、會中人必當禍福相依，患難相救，且當一律以待會外良民。

〔法律〕一、不准傷害人民生命財產。

二、不准傷害西人生命財產。

三、不准燒燬教堂，殺害教民。

四、不准擾害通商租界。

五、不准姦淫。

六、不准酗酒逞兇。

七、不准用毒械殘待仇敵。

八、凡捉獲頑固舊黨，應照文明公法辦理，不得妄行殺戮。

九、保全善良，革除苛政，共進文明，成立一新政府。

此次獨立，其餉械既歸保皇黨籌措，領導權自在康有為；而唐才常為其執行人。惟自大通宣佈復辟之後，革命黨人，即不再合作，而新軍亦不願響應了。曾國荃昔日利用哥老會，全賴允許搶劫姦淫，以鼓其拼命之氣。今既不許，又無錢可發，會黨已散了一半，唐才常於無辦法之中，已決於八月二十八日起事，作孤注之一擲。張之洞則於其一舉一動，皆瞭如指掌。遂藉互保之約，得日領默契，於二十七晚闖入日租界，至唐才常寓所，捕去二十餘人。當晚二鼓，悉押至大朝街，瀏陽湖畔加害。唐臨終撰詩一首，有「臏好頭顱酬故友，無真面目見群魔」之句。蓋唐之來，先得之洞諒解，由日人為之疏通，而卒為所賣以死，故曰以頭顱酬之。

秦鼎彝、吳祿貞，與湖南左軍陳猶龍，均以兵敗逃回日本。田邦璿未及起義，即自安慶逃漢口，與蔡鍾浩、唐才中，同在逃湖南時被捕而死。湘撫俞廉三大捕黨人，死者百數，哥老會亦不敢發動。沈藎新堤一路，有十數縣起事，而不久全敗，沈逃至北京，為友人所舉發而死。自立軍名單中，有聖賢范濂一名，即范源廉，任公以為是事敗逃脫的，有謂張之洞愛其才而故釋放者非。自立軍名單中，雖無蔡艮寅（鍔）的名字，據任公謂他是參加的，適為唐才常帶信至湘故得免。據《湘綺樓日記》，謂楊度亦參加自立軍，事敗逃回日本。

## 康梁的衝突

任公於八月間趕至上海，已事敗無可挽救，住十日即行。死的都是任公的朋友與學生，卹死救生的重擔，悉壓在他身上。而他所賴以挹注的，只有廣智書局，都是賣他的書報之所得的。如唐才常全家，每月即接濟壹百元，而此款一直付到十年以上，至其諸孤成立始止。不料任公一到香港，在船上與南海晤見時，南海竟擊之以椅！任公受傷後，長跪乃免。今於失敗懊喪之餘，似不應將一切責任，讓諸任公，而在南海，則振振有詞，理由極多。

南海對任公之憤慨，第一責其在京與孫中山有秘密往還，謂為叛師叛黨。而漢口之敗，則歸咎於革命黨人之拆臺，由畢永年拉哥老會首領，至香港與興中會聯盟。其實與革命黨合作，本任公的主張，而所以不能合作之故，南海至少亦有相當責任。第二責其赴檀島籌款無成，雖因大疫之故，而任公鬧戀愛，致不為華僑所重視，亦其一因。這些話皆不見於書本，而悉得於傳聞。不過戀愛之跡，倒有紀事詩二十四首為證，茲選錄數首如下：

人天去住兩無期，啼鴃年芳每自疑。
多少壯懷償未了？又添遺恨到蛾眉。

目如流電口如河，睥睨時流振法螺。
不論才華論膽略，鬚眉隊裏已無多。

眼中既已無男子，獨有青睞到小生。
如此深恩安可負？當筵我幾欲卿卿。

後顧茫茫虎穴身，忍將多難累紅裙？
君看十萬頭顱價，遍地鉏魔欲噬人。

含情慷慨謝嬋娟，江上芙蓉各自憐。
別有法門彌闕陷，杜陵兄妹亦因緣。

華服盈盈報阿兄，相從談道復談兵。
尊前恐累風雲氣，更譜軍歌作尾聲。

鸞飄鳳泊總無依，慚愧西風兩鬢華。
萬里海槎一知己，應無遺恨到天涯。

南海罵這些詩為誨淫之作，然實傳誦一時，我們少時都能背誦。我現在介紹給青年，並非提倡戀愛，乃嘉其發乎情，止乎禮義，能知自制而已。這位女士姓何，乃梁秋水夫人的表姊妹。終以任公故，而守閨不嫁，任公做司法總長時，竟趕到北京。只得招之於總長客廳；何女士以任公有妻，且為主張一夫一妻制之人，故怏怏而返。後任公在清華教書，適值喪妻，何女士又自檀島趕來。惟任公已屬晚年，不願多加麻煩，婉辭之。梁秋水曾責任公薄倖，謂「連一頓飯也不留她吃。」其實只能怪何女士癡情，對這位名人，死不肯放過，終於落空而已。在任公是有過交代的，紀事詩有一首曰：「一夫一妻世界會，我與瀏陽實創之。尊重公權割私愛，須將身後作人師。」

自立軍既失敗，又與南海衝突，任公心灰意冷，不復任事，到了澳洲玩十個月。直至光緒二十七年辛丑四月，始回到日本，重主《清議報》。在澳洲沒有日記，但留下數首詩，足以證其牢騷。其〈留別澳洲諸同志〉六首，尚提起漢口失敗之事。

茲錄其一：

歷歷漢陽樹，轟轟楚客魂。剖心儕六烈，流血為黎元。

既痛桐宮禍，逾憐精衛寃。淒涼後死者，何處訴天閽？

其〈自勵，志未酬，舉國皆我敵〉三詩，似為對南海之牢騷，玆錄其自勵之第二首如下：

獻身甘作萬矢的，著論求為百世師。
誓起民權移舊俗，更研哲理牖新知。
十年以後當思我，舉國猶狂欲語誰？
世界無窮願無盡，海天寥廓立多時。

總之南海與任公衝突，使任公心理上發生一個重大轉變。任公本來處於輔助南海的地位，此後始想自己獨立好好幹一番事業了。而楊度、湯覺頓則勸其脫離南海，革命黨人則勸其脫離保皇黨。任公以羽毛未豐，且道德意識甚濃，故不願公開與南海決裂，亦不願棄其本有之主張。不過在實際政治上，以後即不見其再與南海合作了。我並非暗示青年叛師，特即今政治上和再合作，而二人交情仍在，其風度是可取法的。彼如魯迅之以謝師文自豪者，亦足見其刻薄寡恩而已。

## 《新民叢報》與遊美時代

光緒二十七年辛丑十二月（一九〇一年），《清議報》以燬於火停刊。次年正月，就接上去辦《新民叢報》，改為半月刊。其對政治運動固然失敗，但以失敗得不甘心，故移其憤慨之氣以發洩於言論。《叢報》為介紹各方面的學術思想，得要而無遺漏；新民是培養新國民，啟發以知識，而變其腦質之意。以較諸《清議報》，作風亦略不同。《清議報》未脫離黨報之色彩，《新民叢報》則為國民之公開言論機關。《清議報》專剖析現實政治，肆以攻擊，以破壞之作用為多。《新民叢報》則供給國民以知識，注重在建設性的理論介紹。《新民叢報》之言論範圍既擴大，故讀者大增，銷路亦大盛。

黃公度謂「《清議報》勝《時務報》遠矣，《新民叢報》又勝《清議報》百倍。驚心動魄，雖鐵石人亦為感動。從古至今，文字之力，無過於此矣！」蓋至此任公的變體文章，已因常做而技術運用得純熟，成為以後報紙上社論，與介紹西洋文化的模範文了。

〈敬告同業諸君〉一文，為任公自述其辦報之方法：「抑報館之所以嚮導國民也，與學校異，與著書亦異。……某以為掌報館者，既認定一目的，則宜以極端之議論出之。……若相率而為從容模棱之言，則舉國之腦筋皆靜，而群治必以沉滯矣。夫人之安於所習而駭於所罕聞性也，故必變其所駭者而使之習焉，然後智力乃可以漸進。……諸君如欲導民以變法，則不可不駭之以民權，欲導民以民權也，則不可不駭之以革命。……大抵報館之督政府，如嚴父之督子弟，無所假借。其對國民，當如孝子之事兩親。」報紙要激烈，要監督政府，要對讀者忠實，都是任公所提辦報的原則，後人是恪守的。

《新民叢報》的內容，第一為說明中國文化立場，第二為依其立場，以選擇其所認為適當的西洋文化。開始即有《新民說》以闡明其宗旨，一名《中國魂》，有單行本問世。其關於中國者，有〈中國學術思想變遷〉、〈中國專制政治進化〉、〈中國地理大勢〉、〈中國教育政策〉、〈中國改革財政私案〉、〈新史學〉諸篇。其關於介紹西洋文化者，有〈論古代希臘學術〉，有〈亞里斯多德之政治說〉，以探其源。有格致沿革、政治學理、生活學說、培根、笛卡兒、達爾文、邊沁諸人學說，以窮其流。而尤注重中西名人之傳記，有張博望、班定遠、趙武靈王、李牧、羅蘭夫人、噶蘇士、義大利建國三傑諸傳。皆能以振奮國民之志氣，允為成功之作。計是年所撰約百萬字，不特下筆之快為可驚，而讀書之勤，更為可佩了。

壬寅年的《新民叢報》，最受歡迎，自己發行了三萬份，而翻印者，遍及各省，尚未計算在內。這是談政治的中國雜誌，所未有的銷路。究其何能把握到如此廣大讀者的心理？我是當年的小讀者之一，頗喜其主張單純而乾脆。任何複雜的問題，經他幾句話一講，不特完全明白，而且能透切十分。深入淺出的工夫，為任公的看家本領，沒有人能比得上。其所以左右文壇數十年，而為大眾視聽所繫者，亦賴有此。尤其在壬寅年，其精神唯一所寄為言論。

癸卯年（一九〇三）任公赴美，有《新大陸遊記》，詳述一切。是年為中美續約之期，頗欲滅除其對華工之限制，以國民外交，冀有所挽回，並欲徵收黨費，以發展黨務。至美後上南海書，謂「君勉以半年之力，弟子將及一年之力，而會款……合計，不及華銀一萬。……上兩年內，全美合計，充其量不過二萬元。」誠如南海所謂，「有會與會同」，保皇黨之勢，蓋中衰了。

任公以九月廿三日返橫濱，此行共花了十個月工夫。本年的文章，有托辣斯，康德學說，伯倫知理學說。南海是時，忽發表其政見書。謂主張革命，效法共和，使內亂不已，既非所以愛國，亦非所以救民。然《新民叢報》，則已昌言民族革命，任公遂函南海商榷，謂「今日民族（主義）最發達時代，非有此精神，決不能立國。弟子誓焦舌禿筆以倡之，決不能棄去者也。而所以喚起民族精神者，勢不得不攻滿洲。日本以覆幕為最適宜之主義，中國以排滿為最適宜之主義。滿洲之無望久矣，今望歸政，夫何可得？即得矣，滿朝皆仇敵，百事腐敗已久，吾黨即歸用，亦決不能行其志。」至此康梁思想界之裂痕，愈來愈深了。

黃公度出來調和，以英憲為本，而不談共和與革命。特任公在新小說上，撰《新中國未來記》。以新中華民主國為國號，以壬子年開國紀元。第一任總統為羅在田，指愛新覺羅氏將下野，第二任總統為黃克強，言黃帝子孫能人人自強之意。又暗與孫中山合辦《中國秘史》，為太平天國吹噓殊力。惟在《新民叢報》上，則仍遵調和人之意見，作開明專制論諸文，而反對共和與革命，致大遭《民報》的反駁，而銷路亦驟減。

光緒三十二年，《新民叢報》經理，炒金失敗；而廣智書局，支錢者太多，致任公賣稿的心血錢，悉被花去，連累《新民叢報》，亦不得不停版。此一合作之文化機關既停，康梁就從此分道揚鏢了。

## 請願立憲

光緒二十六年（一九〇〇），任公在《清議報》上發表〈立憲法議〉一文。謂「立憲法者，必民智稍開而後能行之。日本維新在明治初元，而憲法實施在二十年後，此其證也。中國最速須十年或十五年。……行之在十年以後，則定之當在十年以前。」又曰「日本之實行憲法也，在明治二十三年。其頒佈憲法也，在明治十三年。而其草創憲法也，在明治五年，當其草創之始，特派大臣五人，遊歷歐洲，考察各國憲法之異同。」

日俄戰後，任公以為這是立憲戰勝專制的明徵，故俄國於戰敗後，亦頒佈憲法了。現在人對此說，雖多懷疑，然當時輿論，咸如此主張。光緒三十一年六月（一九〇五），袁世凱乃奏請廢科舉，預備立憲。清廷如其所請，即派五大臣出洋，全仿任公所稱的明治維新故事。特簡載澤、戴鴻慈、徐世昌、端方、續派紹英，為東西考察政治的五大臣九月間動身時，為革命黨人吳樾所炸。在正陽門火車站上，戴澤、紹英均受微傷，行期遂展。至十一月始首途，徐世昌、紹英另有任用，改派李盛鐸，尚其亨充任。計在海外七閱月，至光緒三十二年（一九〇六）六月始歸國。

五大臣於三十三年正月到日本，即奏言「憲政所以安國內，禦外侮，固邦基，保人民。」並謂在憲法之先，尤須頒佈地方自治章程，定言論，出版，集會之自由各種法規。伍憲子《民憲黨史》，謂五大臣憲政奏摺二十餘萬言，皆為任公代撰，則五大臣的主張，皆為任公的主張可知。而藉立憲運動，先在各省成立諮議局，尤為重大收穫。蓋請願立憲，辛亥革命，與以後之共和黨，皆賴諮議局派為後盾。否則無由開出民初之共和政治，而靠任公在日本所能團結的少數書生，亦無由樹立其在國內的民眾基礎。其時楊度、湯覺頓，奔走天津東京間，以溝通袁梁二人的政見。

五大臣回國以後，開過一次御前會議，就下詔預備立憲。但仍謂「視進步遲速，定限期遠近。」乃將考察政治館，改為憲政編查館，並續派汪大燮、于式枚、達壽分赴英德日本，考察憲政，以力求進步。並在京成立資政院，其總裁與資政院資政皆為簡派，類於俄國的欽選國會。惟各省成立諮議局，其議員皆為民選，業已初步實行了地方自治。光緒三十三年四月，袁世凱奏請實行立憲。八月遂將預備立憲年限，確定為九年，至光緒四十二年實行。

任公之響應立憲運動，先組政聞社，發行政論雜誌。參加者有熊希齡、楊度、徐勤、麥孟華、狄楚青、羅孝高、張君勱、湯覺頓等數十人。但請南海暫勿加入新組織，謂為黨禁未開，忌者太多之故。光緒三十二年（一九〇六）九月十一日，政聞社開成立大會於東京神田區錦輝館。大隈、犬養、矢野文雄、峙尾文雄均到會演說。不設會長，謂虛其位以待南海，推馬良為總幹事。三十四年正月，政聞社遷上海，命徐佛蘇前往襄助。俾團結諮議局之各省人士，以策動大規模的立憲請願運動。於是東京之憲政派，其先頭部隊，已回到國內活動了。

政論雜誌，謂以其主義求同情於天下者有四：一曰實行國會制度；二曰鞏固司法獨立；三曰確立地方自治；四曰外交諮於民意。政論出了六期，因與康梁有關，故勒令停版，並解散政聞社。

此乃依據慶親王奕劻，七月十七日之奏請。但預備立憲，並未因而停止。預備的工作，為成立各省諮議局，各城鎮鄉設立自治公所，各省設審判廳，檢察廳，及律師制度。同時草成憲法大綱，議院法，選舉法，俟籌備之事，一律辦齊，始於光緒四十二年召集國會。

任公曾函南海，謂熊希齡出面的請願立憲運動，曾得袁世凱、趙爾巽、端方之暗中支持。既而宣統登基，攝政王戴灃，將袁世凱革職回籍，故清廷籌備立憲的工作，又鬆懈起來。任公乃再接再厲與孫洪伊、徐佛蘇等，密組憲友會，以代替政聞社的請願活動。宣統元年二月，南北士民公舉代表孫洪伊等進京，請願速開國會。九月諮議局第一屆集會，十一月即推出代表，在上海開會，要求在二年內成立國會。到會有十六省的諮議局代表，因連袂進京請願。

宣統二年四月，各省諮議局代表，聯合各省政團商團，與外洋僑商，呈第二次請願書。復將各代表組織起來，名為國會代表請願團。推舉孫洪伊等十人為職員，並由各單位推舉代表一二人，常駐京城，以與請願團聯絡。除分送小冊子之宣傳品外，並派員四處演說。憲友會在京有總會，在各省設分會，而以當地之諮議局議長為幹事。其中直隸議長籍忠寅，河南議長方貞，山西議長梁善濟，奉天議長袁金鎧，湖北議長湯化龍，湖南議長譚延闓，四川議長蒲殿俊，江西議長謝遠涵，皆為憲友會之中堅。

九月資政院開會，請願團乃上書請開國會。資政院列入議案，竟全體一致通過，乃以上奏。同時各省督撫，亦電請內閣國會，同時設立。以資政院與各省督撫的一致主張，遂縮短預備年限，定於宣統五年，成立國會。惟清廷對請願團仍採壓迫態度，乃令民政部，解散各省請願代表，並將其驅逐出京。但外省的請願運動，繼續未已，東三省有萬餘人作請願運動，迫東督代奏。天津各法團三千八百餘人，亦聯合請願，要求直督代奏。十一月東三省代表十餘人至京，政府急命步兵統領，將其押解回籍。天津溫世霖，以主張罷學來請願立憲，竟被捕後充軍新疆。於是請願運動，暫被阻遏，而革命運動繼之而起了。

宣統二年，任公創辦《國風報》旬刊。每期八萬字，共分十四欄。其鉅著《管子》，《王荊公》二書，亦於是時在《國風報》發表。惟其主要目的，在響應國內之請願運動。故其對實際政治的主張，頗為人所重視。如預備立憲至光緒四十二年，後改為宣統八年一節，任公謂光緒必無四十二年，宣統亦無八年。最後改至宣統五年實行立憲，任公則反駁得更為激烈。竟謂宣統與五年，必不能聯綴成一名詞。我們如以任公為預言家，不如說他是參加此一幕而知道實際情形最清楚的政治家，故有此等準確的判斷。任公在光緒廿六年預備立憲，期以十年的主張，到了三十四年已屆成熟時期。此時清廷始開始預備，實在是來不及了。

其實全國的排滿運動，已經成熟，清廷亦自知其為日無多了。光緒三十年，同盟會在東京成立，各省留學生均去參加。於是孫中山在兩粵的革命行動，以黃興的擁戴，竟擴張至長江一帶。光緒三十二年，黃興在萍鄉起事，三十三年徐錫麟在安慶，孫黃在潮州、欽州、鎮南關起事，三十四年孫黃又在河口起事。先烈們之血的失敗教訓，足以喚起後死者的再接再厲，任何稍有常識的政論家，亦能判斷宣統之無五年的。但任公此言，是以憲友會領袖身份發表，無異為不再請願，而將從事革命之表示。對清廷是一種「哀的美敦書」，一切預備立憲之以前協議，悉將推翻了。

# 五、民初從政時期

## 武昌首義

三月廿九日黃花崗之役以後，清廷即成立新內閣。以奕劻為總理大臣，那桐、徐世昌為協理大臣，盛宣懷為郵傳部大臣。盛宣懷即決定鐵路國有政策，以便抵借外債來平亂。但政府決策，應交資政院協議，然恐資政院反對，竟不交議。並嚴諭有抗爭者，以違制論，於是激起川湘之劇變。

鐵路宣佈國有，為四月十一，而五月間，湖南即發起保路會以反對其事。以為國有政策，不啻奪人民生命財產，以付外人。群議俟諮議局開常年會時，一律不赴，以示抗議，工商亦相繼罷業，以為後盾。湘撫楊文鼎，上奏謂有匪徒，從中煽惑，於是有格殺勿論之諭。而以端方為督辦粵漢川漢鐵路大臣，蓋欲用武力，以貫徹其國有政策。

旅京川人，堅持反對鐵路國有，及收回股本之說。留日之四川學生，更為激烈，力主路存與存，路亡與亡之議。川人乃被刺激起來，遂主張不輸租稅，以為抵制。川督王人文奏請體恤民情，並托度支大臣載澤，預為疏通。惟政府與外國銀團，已成立借款合同，而以國有鐵路為擔保品，故無法挽回。王人文卒受到申斥，七月易以趙爾豐。川路公司的紳士們，並受到濫費與貪污的誣蔑，風潮遂愈鬧愈大了。

先是川人在成都鐵路局，開保路大會，到者四千人。不及一月，各府州縣，皆設立保路分會。重慶在江西會館開保路大會，到者一萬五千人。王人文以去就爭，戒川人勿暴動，因得相安一時。人文去而爾豐繼任，川人開全體股東大會，議決全蜀股東，不完捐稅，不納丁糧，外債概不擔負。倏忽之間，全城罷市罷課，踵至參加者，有數萬眾，有的捧出光緒靈位，痛哭待命。時罷市之風，已蔓延至十餘州縣，而以重慶為尤甚。趙爾豐始請政府，仍歸商辦，重慶領事，亦請政府保護。

保路會代表劉聲之等到京請願，嚴旨申斥並遞解回籍。忽聞端方入川，鄧孝可等向趙爾豐請願，阻其前來。以言語衝突，爾豐遂拘鄧孝可，蒲殿俊，並槍殺四十餘人。爾豐奏言川人藉爭路為名，希圖獨立，並發佈自保商權書，意在叛亂，與爭路無涉。於是清廷遂決意派端方帶兵入川平亂。又命岑春煊續往，春煊藉詞有病，遂回上海。

川人電各省諮議局，冀其同伸公憤，各省保路會，遂有聯絡響應之勢，端方、瑞澂二人，議定接收股款辦法，即從鄂境做起，取消商股公司，而實行國有政策。時已八月，未數日，武昌新軍即起義了。十八日，瑞澂搜得黨人名冊，新軍中列名者甚多，新軍有一萬六千人，以是皆人人自危。十九晚九時，工兵宋大霈營，受諮議局長湯化龍運動，不肯拔隊入川，遂起叛變。步兵二十九、三十兩標（按即團）應之，遂趨火藥庫，劫取子彈，太呼攻督署。馬隊復與之合，分在鳳凰臺、蛇山、楚望臺三處，架砲攻督署。二十日瑞澂、張彪均逃，遂擁協統黎元洪至諮議局，奉為都督。以議長湯化龍為民政總長，即改諮議局為軍政府。又在漢口成立軍政分府，以《大江報》主筆詹大悲為都督。至九月間，湘、贛、皖、蘇、晉、陝、魯各省均獨立了。

清廷先命蔭昌，薩鎮冰督師南下，戰不利。乃起用袁世凱，以馮國璋之第一軍，段祺瑞之第二軍南下。馮軍奪取漢口，遂命袁世凱為內閣總理，大赦黨人，頒佈憲法，以求挽救。但袁世凱已按兵不動，而閩、浙、雲、貴、川、兩粵、甘、新又相繼獨立，大勢已去。最後段祺瑞通電贊成共和，清帝遂不得不退位了。

## 回國從政

宣統三年二月，任公曾遊臺灣，考察其行政與租稅制度，其詳見於《遊臺日記》。九月初九下詔除黨禁：「所有戊戌以來，因政變獲咎，與先後因犯政治革命嫌疑，懼罪逃遷，以及此次亂事被脅，自拔來歸者，悉被赦免。」任公本可回國，不特因為被赦，而且袁世凱組閣，已任命其為司法部副大臣了。但為實行憲政起見，乃多方策動，潛赴大連，與駐灤州之二十鎮統制張紹曾聯絡。張電政府，謂憲法須由議院制定，十一月事敗，終離職。前與唐才常一同起義之吳祿貞，現已任第六鎮統制，駐兵石家莊，被命為山西巡撫，亦與任公聯絡，而電政府實行立憲。良弼曾於上年請開國會，大赦黨人，現欲組織宗社黨。不料吳與良皆被刺死，任公以目標已失，遂亟返東京。肅親王、那彥圖、袁金鎧等欲據滿蒙實行虛君共和制，留任公勿行，謝之，蓋嫌其有宗社黨意味之故。

袁世凱佔據漢口後，乃停戰議和，使民軍坐大。並暗示張勳，退出南京，使民軍得在南京組織政府，孫中山於元年一月一日（辛亥十一月十三）就臨時大總統職。而以清帝與孫中山同時退位，選袁為大總統，為南北統一議和之條件。清帝以前方段祺瑞等主張共和，遂於二月十二日退位，十四日，臨時參議院改選袁世凱為臨時大總統，三月十日就職。乃根據約法，選出參眾議員，期於二年召集國會。

時黨禁已開，日人乃許南海入境。康梁同寓須磨華僑麥君之別墅。南海以戊戌前嫌，反對與袁世凱合作，謂袁氏懷抱野心，非做皇帝不可，而任公將為荀文若。任公則謂共和既立，帝制殊少可能，倘果袁氏稱帝，誓必討之。時國內各政黨林立，咸注意於國會議員選舉，爭欲擁戴任公，以資號召。南海見到無法阻止任公回國，乃相約國內組新黨，海外存舊會，以不拉其憲政黨幹部回國任事為條件。憲政黨未得參加實際政治，遂日就萎謝。

張君勱函任公，謂「袁黎二派，均非能建設今後之國家者，雖合無益。然長處超然之地，又勢所不能。惟有擇其比較適於建設者，則不如聯袁。數年之後，我們可以造成一大黨，為建設事業之中堅，袁亦將聽命於我。現在憲友會同志，將在上海發起一『共和建設討論會』，望先生歸來大結合之。期以半年一年，左右天下不難矣。」此為勱任公回國主持政黨之建議，較勱其回國辦報與做官者，殆勝一籌。而袁世凱亦欲任公挾其諮議局派之潛勢力，以與國民黨展開熱烈之競選，形勢確與彼有利的。

任公遂於元年十月至津，二十日至京，站迎者數百人，有總統府及國務院代表。午間由友好范源廉等，宴之於德昌飯店。下午三時，在共和黨本部開歡迎會，那彥圖主席，任公譽共和黨為漸進派。時該黨理事長為黎元洪，任公後亦加入，且任理事。二十二日，民主黨歡迎，任公舉政治家之各種必要條件相共勉。此外歡迎之會，無慮十數，至此任公還僅為在野名流，而隱然為事實之政黨領袖了。

民國二年一月之國會議員選舉，國民黨得三百七十餘席，共和黨亦得二百八九十席，其餘隸屬民主統一兩黨。任公乃主張共和、民主、統一三黨合併，改稱進步黨。國會於四月八日，在北京開會，眾議院議長選出進步黨之湯化龍，而參議院議長，則為國民黨之張繼。國民、進步兩黨，在國會已勢均力敵。待二次革命起，參加革命之國會議員，有數十人被除名，進步黨勢力益盛。再與國民黨競選參議院議長，及眾議院副議長，皆為進步黨之王家襄、陳國祥所得。進步黨已由少數黨變為多數黨了。

既然有了國會，而約法上為責任內閣制，則必有政黨政治，亦必先由多數黨之國民黨組閣。故唐紹儀、陸徵祥內閣之後，繼以趙秉鈞內閣。趙秉鈞雖為袁世凱私人，但以黃興之介紹入國民黨，其閣員亦多隸國民黨籍。然此為袁世凱與國民黨合作之最後一次，緣國民黨常務理事宋教仁之被暗殺，趙秉鈞實主持之。任公夙以革命黨與官僚之合作為慮，至是則作〈暗殺之罪惡〉一文以傷之。

因宋案而引起七月間之二次革命，至九月而悉敗。袁世凱乃請熊希齡，出組進步黨內閣。黃遠生之記新內閣曰：「熊氏……力辭甚堅，有雖仲尼復生無可為之語。……及議院通過後，熊氏復姗姍其來，任公復屢電催之。……其先本以教育部長屬之，任公堅辭決絕。屢經交涉，熊氏乃謂公既不出，則張季直、汪伯棠皆牽連不出，熊內閣勢將小產，此時進步黨將持何等態度？又如公等均不出，熊內閣純以官僚組織成之，輿論必不滿意，此時進步黨又將持何等態度？故為進步黨計，公亦不可不出。」

讀此可知進步黨事實上之黨魁為任公，回國辦黨之理想，業已達到。熊內閣之大政方計，亦為任公所起草，故已成為內閣之靈魂。特當時任公左右，咸主在幕後支持，而不願出面負責，亦鑑於袁世凱之不易應付。熊氏則堅持要犧牲則一同犧牲，故先欲以財長畀任公，後以袁世凱反對，而改任司法總長。任公見二千五百萬磅之借款，全用於軍政費，使國家預算，無法平衡，知袁氏之不能合作。袁氏亦知進步黨不能成為御用黨，不如以用「交通系」之官僚為便。

第一最使袁世凱不滿意者，為國民、進步兩黨，在國會中，漸漸能合作起來，任公在二年四月，就這樣的主張了。他認為共和黨議員，只二百八、九十席，國民黨亦只三百六、七十席（最初有三百九十二席，後來脫黨者有數十人。）然依約法規定，總統選舉憲法通過諸問題，須四分之三及三分之二的多數通過始能解決。但問題必須解決，任公謂「兩院既無道以解決，其勢非假院外勢力，以解決之不可。」若解決之道不由兩黨協議，而由大力者之決定，則非變立憲而為專制政體不可。果然先選總統，後議憲法之辦法，竟為各省都督所提出，少數國會議員從而附和之，就不得不實行。二年十月六日，國會舉行選舉大總統，自晨至夜二時。有號稱公民團者，乃袁世凱所雇用之槓夫。包圍議場，謂非選出屬望之總統，不許議員出門。投票二次，袁無法取得四分之三的法定票數。至第三次袁世凱、黎元洪決選時，袁始以過半數當選。投票雖屬秘密，但舊日共和黨議員，則以選其理事長黎元洪者為多。

第二關於憲法問題，宋教仁以主張責任內閣制而被刺，國民黨仍主張之。而進步黨議員，不料亦主張責任內閣制。兩黨竟完全一致，以提出天壇憲法，袁世凱大怒，竟將其擱置，隱嗾各省都督通電反對。並發動輿論界詆毀國會議員，各省都督亦起而公開指責。乃先取消國民黨籍議員資格，封閉國民黨本部。不久又下令解散國會，與各省議會，勒令熊內閣副署。熊希齡因於三年初辭總理職，出任熱河都統，任公亦辭司法總長，而改任幣制局總裁之閒曹。

袁世凱先舉行修改約法會議，議員皆為指派。新約法改內閣制為總統制，改國務院為政事堂。以指派之參政，組織參政院，代民選的國會議員，而各省則設省參議會以代省議會。政事堂以徐世昌為國務卿，楊士琦、錢能訓為左右丞。參政院復聘名流十人為憲法起草委員會，任公亦被聘十人中之一。參政院復提議將總統任期延至十年，後索性改為終身制。這是師魏王加九錫的故智，一步逼緊一步，以試探各方面有無反抗，而為洪憲稱帝之準備。

## 由閣員退至言論界

任公在幣制局總裁任內，亦切實做了幾件大事。第一確定通貨制度，將銀兩改為銀元制。這是稅務司與各外國銀行素所反對的，因為以銀圓折合銀兩，為有一筆好處。但此次以任公所根據為合理與公正的立場，不類其他官僚之以私利為目的，外人竟贊成了。二曰整理銅元，不許湖北、廣東兩省再鑄，這是各省疆吏的大利所在，竟亦行通了。三曰將各省造幣廠停閉，只許在上海、廣州、天津三處設造幣廠，並隨時派人抽查其成色。四曰收回湖北、廣東兩省軍用票。五曰改中國銀行為官商合辦，使以後財政部無法干涉與挪用。這些事都靠自己不圖利，始能辦得通。幣制局在任公時代，為以清廉著稱的閒衙門。不料以後為運動鼓鑄銅元執照的貪污機關，可見事在人為了。

日本人所提的二十一條，乃是承認袁氏帝制的交換條件。任公先做了十幾篇的反對文章，日本人至諷其忘恩負義。而袁氏亦不以為然，並派人勸他說「這種小學生都知道的道理，何必浪費筆墨呢？」任公始感覺到國難將作，遂於民國四年辭幣制局總裁。並將其在北京舊簾子胡同之家，移至天津意租界三馬路。以欲退至言論界為理由，乃在天津辦《庸言報》。袁世凱仍資助之，但任公已力求所以與袁氏脫離關係之道了。

會中華書局，擬發行《大中華雜誌》，以與商務印書館之《東方雜誌》，分庭抗禮。乃請任公為主編，《庸言報》諸編輯，則任其編輯，任公乃欣然停《庸言報》以應之。並藉以有機會回廣東老家一趟，此後即可往來天津上海間，而別有部署了。《大中華雜誌》的發刊詞，等於一篇中國不亡論，任公蓋有激於二十一條而發。而〈復古思潮平議〉一文，則明明在那裏罵袁世凱。蓋袁不特祭孔且祭關岳，並舉行祀天大典，其帝制意識之形態，皆畢露了。任公之言曰：「二十年來，朝野上下所昌言新政新學，其結果乃至為全社會所厭倦所疾惡。言練兵耶，而盜賊日益滋，秩序日益擾。言理財耶，而幣藏日益空，破產日益迫。言教育耶，而馴至國人不復識字。言實業耶，而馴至國人不復得食。……迄於今日……甚至欲一切摧毀廓清以反乎其舊。夫使率舊而可養活，則三十年來，我國榮光，早已照耀大地。而進化適存之學說，其當摧毀矣。」

袁氏倡議復古，亦是逐步試探的手段，而其最後目的，則在變終身的總統，為世襲的皇帝。民國四年正月，袁克定以楊度的介紹，約宴任公於其家。二人對共和政體，大事誹謗，任公答以變更國體，在內政上與外交上，將引起困難。賓主舌戰一番，至不歡而散。

民國四年五月，馮國璋告以帝制將成事實，因偕至北京勸袁。袁氏不特矢口否認，且提出各種理由，力言帝制之非計。所說的話，較馮梁預備勸他的話，還要詳盡。並稱「若強之為帝，將逃往英倫」以避之。不料七月間，袁氏顧問日人有賀長雄，與美人古德諾，即發表文章，謂共和政體，不適宜於中國。繼則楊度、劉師培、孫毓筠、李燮和、嚴復、胡瑛六人發起「籌安會」，謂將在學理上研討君主民主，在中國孰為適宜？楊度發表〈君憲救國論〉，劉師培作〈國情論〉。

任公之〈異哉所謂國體問題者〉一文，即以標題論，已為人所不斷模倣，至數十年不衰。其內容則把以上所舉的那些文章，都駁倒了。其唯一的原則，為政論家與政治家，當問政體，而不當問國體。其昔日之反對共和，與今日之維護共和，均為不願變更國體而然。他首先攻擊古德諾，以其所言，與十年前《新民叢報》相近，而透闢尚不及其百分之一。今「謀推翻共和者，乃以共和元勳為之主動。而……留戀於共和者，乃反在疇昔反對共和之人。」說者謂共和適以共亂，不知君主肇亂，更甚於共和。且君主之神聖，一經推翻，即不易恢復。今日外患方殷，尤非勸進之時。若欲擁戴大總統，則有背其誓言，無啻侮辱大總統了。結論謂在共和國體之下，而圖推翻共和，實為叛國犯法的行為。此篇文章，燃犀鑄奸，使群魔為之懾伏，而卒以挽回國運，真是千古不朽的言論了。

任公謂當此文未發表時，袁世凱即派人（按傳說為楊度）賫二十萬金為梁太公壽。（任公另一處謂十萬現金，十萬禮物。）任公璧謝其金，且將此文錄示袁氏。袁氏又使人告之曰，「君亡命已十餘年，此種況味，亦已苦嘗，何必更自苦？」任公笑道：「余誠亡命之經驗家也。余寧樂此，不願苟活於此濁惡空氣中也。」此人即梁士詒，他謂楊度未得其法，書生不可利誘，而只可威脅，不料仍無結果。任公臨行時，且貽書袁氏，謂「啟超誠願我大總統，以一身開將來新英雄之紀元。不願我大總統，以一身作過去舊奸雄之結局。願我大總統之榮譽，與中國以俱長，不願中國之歷數，隨我大總統而斷，」這是絕交書了。

## 護國討袁

任公討袁，不僅這幾篇文章而已。他是有實際行動的，而以軍力來發難者，則為其學生蔡鍔。提起蔡鍔與任公的關係來，真是誼為師生，情同手足，是生死患難之交。蔡鍔字松坡，原名艮寅，十三歲就考上時務學堂，受業於任公。他是一位神童，文字清勁可誦，寫得一筆王羲之體好字。編過《曾胡治兵語錄》，為雲南講武堂講義，北洋軍隊中，皆採取為精神講話的課本。他聽說任公逃到日本，竟偕同十幾位時務學堂同學，帶了幾塊錢來投靠任公。任公不特租屋給他們住，維持其生活。而且托早稻田大學憲法教授，轉央大隈伯擔保，送蔡入士官學堂讀書。因為那時自費生是不能入士官的，要特別想法才成，（任公保送蔡松坡、蔣百里、蔣百器入士官事，乃當蔣百里的面，對我們如此說的。故認此一直接史料為可靠。）

辛亥革命時，蔡鍔任雲南新軍協統，率所部徒手往奪槍砲廠，血戰一晝夜獲勝，乃被推任都督。民國三年來京，任經界局督辦。籌安會發表宣言的第二天，蔡鍔就拉著「一位不願發表姓名的朋友同來」。（此人據我們猜，不是陳國祥，就是蹇季常，因為他們是最初參加密議的人。有人謂為蔣百里則非，蔣後來雖任蔡鍔的參謀長，然最初實未參加。）邀任公到湯覺頓家，談了一夜。蔡鍔道：「眼看著不久便是盈千累萬的人，頌王莽功德，上勸進表，袁世凱便安然登其大寶。叫世界看著中國人，是什麼東西呢？同時懷著義憤的人，雖然很多，但沒有憑藉，或者地位不宜，也難發手。我們明知力量有限，未必抗得他過。但為四萬萬人爭人格起見，非拚著命去幹這一回不可。」這真是後勁十足而得道多助的仁者之言。今日好作必勝必成的大言者，決不敢以五千疲卒，當袁世凱之十萬雄師的，恐怕連想都不敢作如此想呢！

於是打電報到雲貴去，請他們派人來商量，故需要等待兩個月的時間。蔡鍔到京後，逢人便說：「我們先生是書獃子，……也不會做成什麼事，何必管他呢？」又在將軍府之勸進表上簽了名，而且每天吃酒打牌，裝成極腐化的樣子。是時各省將軍巡按使，與中央各機關，咸上書勸進。九月一日，參政院開會，魯、蘇、甘、滇、桂、湘、新、綏各省代表，呈遞變更國體請願書，由參政院轉呈。並建議召開各省國民代表大會，解決國體問題。遂頒佈國民代表大會組織法，由楊度梁士詒等，指派產生代表一千九百九十三人。

四年十月，雲貴的代表，戴戡、王伯群到來。王先回而留戴與梁、蔡、蹇季常、湯覺頓、陳國祥諸人會商，徐佛蘇後亦加入。議決袁氏宣佈帝制後，雲南首先宣佈獨立，貴州在一月後響應，廣西在二月後響應。以雲貴之力下四川，而軍隊須預入川境，以牽綴北軍。再以廣西之力下廣東，然後會師武漢。蔡鍔於十一月底到天津住醫院，而實亦有病。十二月二號，乃從任公家中，深夜易裝從後門出走，偷偷地搭上去長崎的輪船。所謂小鳳仙者確為蔡氏所眷之一妓，但謂從彼處易衣脫險則不確。因蔡氏每週必來津一次，為當時大員之習慣，袁氏僅派密探暗隨而已。謂蔡氏故意與太太鬧翻而送其回籍亦不確，因蔡走後其家尚打電話到任公處要人。十二月十日，國民大會投票，全體主張君主立憲，並擁袁世凱為皇帝。十二月十二日，袁氏下令接受帝位，設立「大典籌備處」，二十一日下令於明年元旦即位，改元洪憲。任公於十二月十二日，離津先到大連，再搭船南下至上海。時為民國四年十一月十八日。

任公到滬後，知蔡於十九日抵滇，雖有約定的密碼，但無法通電。有潘若海者，曾為南海所賞識，適在馮國璋處當顧問，為麥孟華所遇見於上海，遂同往晤任公。任公詢以有無發密電辦法，潘即謂此事極易，若持密電碼來，當為帶至南京，代譯代發。任公果以密電碼交給他，他遂改易電文內容，促蔡速發討袁之電。盜用江蘇將軍府關防於秘書處，而以一等官電發出。時護國軍先頭部隊於二十三日出發，蔡於二十五日接此電後，即當眾在會議席上宣佈，大家都誤以為南京即將獨立了。遂於二十六日將在津擬好之電發出。

任公記此事，頗用曲筆，蓋不願使人知其被紿。他在民國十一年護國之役回顧談，則謂二十二日，托馮國璋打封電去。在其民國五年國體戰爭躬歷談，謂「余在上海二十一日得蔡君書，謂二十三日前隊出發，出發後二十日然後再發表獨立之公文，此正在津原議也。而余當時以別種理由，由南京發一電，促其早發。……故二十六日遂揭曉。後此在四川與北軍相持，死傷甚多，未始非由揭曉太速之故也。」潘若海的耍花樣，弄得蔡松坡被圍於瀘州，幾乎全軍覆沒，而卒以瘵死。此事後由馮國璋傳給藍公武，轉告任公後，任公氣憤不已，竟與潘絕。潘後依徐勤，不久死於香港。

二十六日發表的公文，有致大總統之警告電，有請北京政府，限二十四小時答覆之最後通牒。請將內亂犯，楊度、孫毓筠、嚴復、劉師培、李燮和、胡瑛、朱啟鈐、段芝貴、周自齊、梁士詒、張鎮芳、袁乃寬等十三人，即日明正典刑。有致各省通電，謂「繼堯等則與民國共生死，麾下則猶對歧途而觀望。坐此徘徊，至於亡國，科其罪責，必有所歸矣。今若同伸義憤，相應桴鼓，所擁護者，為固有之民國也，所驅除者，為叛國之一夫也。」有檄告全國文，謂袁氏「以陰柔之方略，操縱黨派，以狠鷙之權術，蹂躪國會。以卑劣之手段，誅鋤異己。以誘脅之作用，淆箝輿論。以朋比之利益，驅策宵小。以虛偽之名義，劫制正人。受事以來，新募外債逾二萬萬，其用途無一能公佈。」又曰：「況乃受命於民，為國元首。叛國之事實既已昭然，賣國之陰謀行且暴露。此而不討，則中國其為無人也已。」

這些文章，都是任公的大手筆，二十七日即由任公抄給上海各報發表，全國稱快。但等了三個多月，迄無一省響應。任公以私函向各省大吏呼籲，迄無效果，眼看護國軍在瀘州被圍，即將失敗。不料廣西的響應竟來了，陸榮廷派唐紹慧來滬，迎任公入桂，謂任公一到即獨立。於是急圖偕湯覺頓、黃孟曦、黃溯初、藍志先、吳柳隅赴港。預定湯覺頓等經廣東先入桂，黃溯初等入滇，任公則由安南偷渡入鎮南關。但任公滬寓，已為偵探所包圍，袁皇帝「捕拿梁啟超就地正法」的上諭，早已通行各省。後得日武官青木之助，把他們藏在鍋爐旁一小屋內。冬天和大熱天一樣，汗出如注，任公猶興高彩烈，伏案起草〈軍務院宣言條例〉共數萬言。至香港改登日本貨船至海防，由日本農場主人深夜以小遊艇來迎。步行三日始抵鎮南關，迨三月二十六日到南寧，則知廣西已於十五日獨立了。當時廣西當局所躊躇的，為究竟出兵湖南，抑是出兵廣東？

廣東之龍濟光軍隊，有五萬人，其部下多擁袁。但他已處於四面楚歌之中，陸榮廷將舉兵東下，滇軍亦將偕來，國民黨人在惠州欽廉起事，徐勤募民兵圖廣州，而江防司令魏邦平為徐之同黨。因此龍不主戰而主和，藉圖延宕，乃電請陸榮廷派代表來洽。湯覺頓往說其響應，獨立通電遂於四月九日發出。不料翌日之海珠善後會議，即殺湯覺頓、王廣齡、譚學夔於席上。桂軍時已抵肇慶，李耀漢響應，任公乃隻身前往說服龍濟光，因為急於要陸榮廷出兵湖南，以解蔡鍔之圍，故冒險以為之，龍卒就範。

任公乃回肇慶組軍務院，以暫代國務院職權，並主張黎元洪復職。唐繼堯、劉顯世、陸榮廷、龍濟光、呂公望、岑春煊、梁啟超、蔡鍔、李烈鈞、陳炳焜、戴戡、羅佩金均任軍務院撫軍。通電互選以唐繼堯、岑春煊任正副撫軍長，梁啟超為政務委員長。而以袁世凱去職，為罷兵條件，適川湘獨立，而馮國璋所領導之長江三督，均反對帝制，袁世凱於六月六日，以憂卒。任公遂主張撤銷軍務院，赴滬謀南北之統一，始悉父喪，乃守制。

袁死而段祺瑞出面維持北方局面。乃恢復舊國會，黎元洪遞補為大總統，選出馮國璋為副總統，段祺瑞為國務總理，南北重獲統一。此次任公之友在海外反袁者，有湯化龍與黃遠生，均在英被暗殺。而張君勱與曹雲祥，在英首相路德喬治之機關報，《每日記事報》上，攻擊袁世凱不遺餘力。袁世凱辛亥年之獲任臨時總統，得英人之幫忙甚大。此次英國比較守中立，亦未始非各方宣傳之力。

護國之役，任公這班人，全是儒家殉道精神之表現，殆與戊戌的譚嗣同，庚子的唐才常之不怕死精神相同。定策天津之時，梁蔡即相約曰，事成決不做官，事敗則死，決不逃入租界。任公此次護國，出生入死者屢，而於湯覺頓方死之時，即前仆後繼，冒死以往說龍濟光，尤為難能。惟任公自己有不怕死的精神，故能以此相感召，使拚命者愈多，則迴旋乾坤之力愈大。使民國而有五年，得以延續至今，皆由於少數書生出死力以相搏之功，尤不能不佩服墨家殉道精神之偉大。

但此役雖僅能成功，而死事者之多，亦不下於戊戌與庚子二役。蔡松坡辭四川督軍職到上海時，幾乎連面目也認不清，喉嚨啞到一點聲音也沒有，這病顯然是不能救了。十一月七日，就死於日本。戴戡、黃孟曦等數十人，則為安福軍閥劉存厚所殺。任公最親信的湯覺頓，亦不幸死於海珠。任公之死士，遂漸式微，使以後在實際行動上，不能再有大舉了。

## 復辟與參戰

袁氏所鼓動復古與帝制之思潮，復辟派從而利用之，謂國家須有君主始能安定，而以滿清舊主為最適當。其論題為籌安定策，可以字之為新籌安派。任公以為國體當問民情，人民之反對帝制，於討袁時而悉驗。君主的神龕，既倒之後，即不復為人所信仰。立憲在能否有責任內閣與政黨政治，與國體之為君主抑共和無關。復辟派所謂非君主不能立憲之前提，實不能成立。不料復辟派竟借參戰政潮，冒昧起事，未十日而倒。

任公之贊成對德宣戰，謂弱國不能憑藉兵力，只有靠外交，以轉變其不利的形勢。嘗稱許其《義大利建國三傑傳》上的加富爾，能參加英法之對俄戰爭，以換取義大利之獨立，使奧國無法阻止。中國如欲脫離日本的控制，則參加歐戰，實為千載一時的機會。特任公之〈歐洲戰役史論〉，有一百多個理由，謂德必勝（《飲冰室合集》上刪去）。後見英法在西戰場上能支持下去，則又謂將如「三十年戰爭」之無勝敗而議和。其言德必敗者，始於初自歐洲回國之張君勱，任公從善如流，故改而採其主張。遂偕君勱往見馮、段。任公與君勱，政治上合作之機會雖不多，但確為學術上的至交。

但任公預期參戰以後，中國不利情勢將有轉變，則估計錯了。日本對中國，仍能於其參戰後控制得住而且能加強的。一則日本在中國之特殊利益，已經與英美法締有秘密協定，而得其承認了。二則中國軍閥於參戰後向日本大借款，故反使中國依賴日本更甚。段祺瑞欲藉參戰以向日借款，使參戰軍四師四旅以完成其武力統一的主張。直系的馮國璋，與黎元洪均不欲段祺瑞勢力過盛，南方之孫中山，尤不欲軍閥坐大，擁兵殘民，故悉反對參戰。但他們的動機，只反對段祺瑞的參戰，而不反對梁任公的參戰。

二月三日美照會我與彼一致行動。經過六次國務會議，三次總統會議，均無異辭。八日總統、副總統、徐世昌、段祺瑞、王士珍、蔭昌、梁任公在總統府開會，決對德奧提抗議。九日下午六時，抗議書遂正式提出。抗議而不理，第二步便是絕交，對德奧絕交書遂於三月十四日提出。再繼之以對德宣戰案，於五月間提至國會，因有公民團三千人之包圍國會，遂不獲通過。由內閣與國會之衝突，變為府院衝突，引起復辟。故直至段祺瑞復職後，始於八月十四，正式對德奧宣戰。而南方新成立之護法軍政府，亦於九月二十六，宣佈對德奧戰爭。

黎段之爭，其實即為內政總長孫洪伊與院秘書長徐樹錚之爭。黎之後盾為國會，段之後盾為督軍團，段欲解散國會，國會欲改組段內閣。黎竟免段之職，但無人肯擔任國務總理。因請張勳入京調和，張以先解散國會為條件，黎即允之。遂於六月十三日下令解散國會，而以江朝宗暫充總理，以任副署。六月十四日張勳入京，竟驅走黎元洪，而於七月一日宣佈復辟了。

段被免職後，即居天津意租界，與任公為比鄰。兩人常相過從，復辟事起，任公問段有無辦法，段答無有。任公戲道：「我倒有辦法，你能相從否？」段問：「什麼辦法？」任公說：「還是從我亡命罷！亡命你總不及我，因為你沒有經驗。」會段宅派人來報：「李師長那裏派人來。」任公就說：「辦法即在此，無須亡命了。」段遂邀任公同至其家，則李長泰派其子前來請示，段告以明日即到馬廠，指示方略。惟入軍須發餉，乃由任公告葉恭綽向天津交通銀行，暫借六十萬。任公即發反對復辟通電，謂「以民國之官吏臣民，而公然叛國，順逆所在，無俟鞫訊。……且此次首造逆謀之人，非貪黷無厭之武夫，即大言不慚之書生。」蓋暗指張勳與康南海。

段祺瑞於七月五日，赴馬廠視師，十二日張勳兵敗，逃入荷使館。段氏十四日進京，十五日到國務院，自行復職。十七日即提出新內閣名單，以任公為財政總長，葉恭綽為交通總長。段氏復自任參戰督辦，從六年至七年，共借日債四億五千萬。以段氏不守約法，不召集國會，不使黎元洪復職，而使副總統馮國璋遞補，孫中山遂率海軍南下。九月召集舊國會開非常會議於廣州，組織軍政府，選孫中山為大元帥，唐繼堯、陸榮廷副之。南方誓師北伐，佔領長沙，段主武力統一，而馮國璋總統主和。段遂辭職以王士珍繼任。七年三月，徐樹錚引奉軍入關，段氏再組閣主戰，孫中山為岑春煊、陸榮廷所排，亦辭職赴滬。段遂改選新國會，為安福係清一色之國會。以馮國璋任期已滿，乃於九年四月九日改選徐世昌為總統，乃成南北對峙之局。

民國六年，任公一度任財政總長，當年即辭職，以後即永遠脫離政界。北方之政治，已變為直皖、直奉軍閥之專政，愈鬧愈不成樣子了。任公與段祺瑞，本屬同床異夢，其潔身而退，是有理由的，在護國之役，舊國會重開之後，國民黨與進步黨，已化為若干小黨。擁護任公之憲法研究會，所謂研究系者，在國會已不滿百人。任公在外交上不主親日，在內政上與馮國璋接近，偏於主和。以財政論，無法平衡預算，以閣員論，譚延闓湘督之免，事前竟無法獲知，故與段非分手不可。尤其在反對復辟之後，舊國會既不召集，新國會又無人參加。任公民國初元之政黨領袖地位，至此全失，已非退休不可了。

# 六、文化運動的晚年

## 赴歐特使任內

民國七年（一九一八年）歐戰既停，北京政府乃以任公為歐洲特使。實則並無重要的使命，僅以酬其贊成參戰之勞績而已。時徐世昌任總統，以錢能訓為國務總理，而大權則操於參戰督辦段祺瑞之手。因新國會議員，盡屬於安福系之段派，近畿軍隊皆為段系之邊防軍。而對日外交之任務，則操於曹汝霖、章宗祥、陸宗輿之手，皆仰段氏意旨以行事。任公與段氏雖未鬧翻，然殊不贊成其親日政策。

任公到京請示外交方針，幾於一無所獲。他提出不承認日本人繼承德國的特權，當局亦未置可否。其實《中日秘約》，早已將山東與滿藏特權，送給日本。但仍諱莫如深，不特任公不知道，即派赴《巴黎和會》之五代表，除首席陸徵祥外，其他四人均事前不知。五代表為陸徵祥、王正廷、顧維鈞、施肇基、魏宸組，王正廷本為南方代表，以對外一致，故加入北方代表團。任公為特使，對中國專使代表團雖可建議，但諸專使中，對之皆深閉固拒，只八面玲瓏之顧維鈞，稍予敷衍而已。

任公受命之初，方冀為國家努力，故其所選任的隨員，為蔣方震、張君勱、徐新六、丁文江、劉崇傑諸人，皆負一時的重望。但任公在出國前，鑑於北政府對他的冷淡，已稍有預感。七年十二月二十七晚，對張東蓀、黃溯初在上海談了一通宵，謂須「著實將從前迷夢的政治活動，懺悔一番。相約以後決然捨棄，要從思想界盡些微力。……要算我們朋輩中，換了一個新生命了。」因為二十六日，國際稅法平等會歡送任公時，張季直自南通趕來主席，有贈米百萬擔，賑濟歐洲的豪語。逼出任公所預感的消極態度，故對張黃有如此懇切的表示。

在船上五十天，他看完兩大箱近百本的日本書。其中以關於戰後建設者為多，文學、哲學、經濟、政治、社會、生物各部門都有。依此進度來平均估計，他至少已看過一萬冊以上的日文書了。無怪對任何學問，談起來都頭頭是道。在中國文化上他雖標榜儒家，反對老莊，實尤好墨子，故亦好談佛。船到錫蘭時，他堅主去遊坎底，參觀佛牙廟，而卒看到佛牙。

船名為丸善丸，任公稱為橫濱丸者誤，因我赴法留學，適與同船。船僅六千噸，至地中海，還見到為潛水艇擊沉的商船。船不泊馬賽，而直駛倫敦，到後住海德旅館。任公每日均約有政治家、學者談話，並去看住在數十英里郊外的李提摩太。留英學生之景仰任公者，來談的人亦殊多。旬日後即到巴黎，先住大旅社（在歌劇院對面），後寓於先生街之拿破崙親王別墅。

《巴黎和約》，承認日本繼承德國在山東的權利。孫中山反對簽字，故汪精衛、李石曾、陳友仁等，在巴黎召集中法人士，組和平促進會，以反對之。學生中則王世杰等為領袖，設法阻止代表們簽字。任公亦一致主張，以為一經簽字，山東即歸日本，要堅持不承認主義，始可徐圖挽回。似乎美國代表團亦有人暗示中國代表不簽字，故王正廷、顧維鈞、施肇基，均表示反對。但北政府已電令陸徵祥簽字，學生們遂去包圍陸徵祥於其別墅，請勿奉令。陸鑑於輿論之憤慨，遂允不簽，而竟能踐言，但此為其任事多年於外交界之第一次。陸氏經此次違令之後，即不為北政府所信任，遂掛冠去比利時入修道院了。

任公更不為北政府所諒，至停寄其川旅費。然其特使任內，所能完成的，亦只有不簽字的一件事。以後山東問題，移至華盛頓會議解決，終於歸還中國，不簽字乃見效了。

## 在法研究

任公於六月六日至十一月十一日這段期間，旅行全歐各處。此後即在巴黎近郊美景村，開始準備寫文章。其目的在為中國謀出路，尤其為中國文化謀出路。這幾十年來，新文化之路，是他開的，此後新文化將往何處去，自應對國人有個交代。他有站在時代尖端，來指導國人的習素，而國人亦有先聽他怎樣講再說的慣性。他已取得一言為天下法的地位，故每遇一次變動，都搶先發表一篇文章，拿出主張來，做國人的指南針。其於討袁、復辟二役，尤為顯著。歐洲戰後，各國人民生活與思想，必有改變，尤其共產黨主義出籠之後。中國當然跟著要變，但究竟如何變法，對共產黨主義是迎是拒呢？這是從軍事、經濟，一直到哲學、宗教結合起來，成一整個體系之後才能解決的大問題。而他這位最博大的通學者，乃提示出世界趨勢，與對中國的主張，而於共產黨主義，則為否定。

他此一龐大建議，並非僅憑個人的主觀見解，乃是長時間的研究，所得的結論。他在巴黎，請了許多第一流學校教授，到他家裏，作專題的演講。由蔣方震、張君勱、徐新六、丁文江把這些演講稿，從法文譯成中文，給任公看。蔣方震發表的《歐洲文藝復興史》，就是其中演講稿之一。當代法國大哲學家保特羅Boutroux勸他整理中國思想，任公深為感動。其時德人斯班痕格勒（spangler）《歐洲末日》一書，一年內銷了一百萬冊。他主張以中國文化，救西方文化之窮，任公聽了亦極為震驚。遂找到了出發點，從此為整理中國文化而努力。

他綜合各位學者的觀點，對新世界的認識，舉出下幾點要義：

1. 這是歷史的轉捩點，富的歐洲，從此窮了。
2. 新興歐洲諸小國，為巴爾幹形勢的擴大，歐洲將無法穩定。蘇聯勃興，德國屈辱，都增加不穩定的因素。即國際聯盟，亦無法阻止國際上的隱患。
3. 歐洲財政破產了。
4. 各國社會黨，用議會制度，以擴大其勢力。共產黨繼續以革命為手段，使勞資繼續鬥爭，將一個國家，分裂成兩個國家。
5. 從優勝劣敗的原則，使鬥爭格外白熱化。

6.因科學萬能之變，使機械主義抬頭。遂至道德墮落，人生徬徨，乃叫出科學破產的口號。

7.文學上則從爛漫主義，遞變為寫實主義與自然主義。

8.思想上則有唯心和唯物的矛盾，平等和自由的矛盾，競存和博愛的矛盾，放任和干涉的矛盾。既無法互相調和，亦無由互相消滅，故字之為世界末日。

9.新文化之產生，由於人格之社會化，把本體和現象打成一片。

本體和現象打成一片，是占姆士的主張，而中國文化則本體與現象，從未分為兩橛。根據上述的世界現狀，以預測將來，則有下列的結論：

1.民族主義，必雄飛到歐洲以外，尤其在亞洲，要大大發展。

2.由各國的互助精神，發展而為世界的國家。

3.社會民主主義，將變為普遍的政體。

4.共產主義國家，將與社會主義國家，作劇烈鬥爭，而勝負難分。

5.以生產競爭的開始，自由貿易制度，必然放棄。

6.科學並非萬能，卻仍在其領域以內，不斷進步。

7.哲學與宗教，也許更發達，以濟科學之窮。

這些預言，判斷以後五十年之世界，將如何變法，幾乎全對了。但與其恭維任公為先知，不如說這些大學者對世界趨勢，是看得清楚的。我想如謂，這是因為世界各國都根據這些學說為模型，去變動現社會，則更合事實。而所謂先知者，亦只是指有這套本領的人士而已。

任公根據世界的將來之理想，對中國作下列主張：

1. 宜從偏狹的愛國主義，擴大而為世界國家主義。
2. 先要知道缺點，始可矯正弊病，而中國的毛病，較歐洲為輕微，故中國可以不亡。
3. 革命派與改良派開始合作。從國民全體而不從可供利用部分下工夫，藉以產生全民政治。（按：此事於戊戌政變〔一八九八年〕起，孫中山、陳少白、梁任公即如此主張了。至民國八年〔一九一九年〕，汪精衛、張君勱在法國，曾舉行幾次會議，而卒無成。如果有成的話，兩黨政治，也許早已建立起來。不成之後，只有以革命為唯一出路了。）
4. 希望二三十年以後，由未沾惡習的青年們，負起責任。（按：「少年中國」的運動，是應任公的感召而起的。其中大部份變為今日之青年黨，少數變為共產黨，而毛澤東即其中之一。青年們得志，其唯一特點，只是抹殺傳統而已。壞的傳統，固然被掃除，好的傳統，亦同歸於盡，於國何補？任公時代，那些不通世情的老朽固然要不得。至陳獨秀時代，仍要提倡青年運動，而其時老年人已確能領導我們青年，所以我們曾反對。我們以為世界上的建國通則，須有老年人智識的明燈，照著果敢的青年，努力前進。）

5.人人盡性，發揮最大潛能，以造成自動創化的社會，始能使國家社會生存。

6.不管聖人之言如何，要自己獨立下判斷，即道德亦將依新環境來改造。

7.解放思想要徹底，不許有一毫先入為主的意見。

（按：此為新理性主義的運動，以邏輯之演繹，代替滿口的詩云子曰。但先驗知識，仍是需要的，即在數學上亦然。）

8.要有法治精神，與平等契約精神，不能聽家長式的命令。

9.用區域與職業兩種代表制，須製定憲法。

10.厲行地方自治。

11.採取社會主義精神，從稅則或其他方法，求勞資之公平。

（按：末項為英美的現行政策。上四點為任公的一貫政治主張，簡言之則為民主社會主義。）

總之任公對世界的預言都對，因為都在理性軌道上改良，所以猜得著。而對中國的預言皆失敗，因為太動亂，故不能以常理推測。他明知主觀希望的渺茫，則轉而寄其幻想於青年，結果糟得至於亡國。青年運動，流為今日共產黨之亡國運動，此豈任公始料所及？毛澤東以北京《晨報》為其孵豆芽的溫床，而由提倡青年運動的梁任公與陳獨秀，培養其長成。雖然這種責任，不能歸諸任公與獨秀，我四萬萬同胞當共負之。

## 國民運動

任公於民國十年回國，大倡其國民運動。他有兩篇文章，一為〈政治運動之意義與其價值〉，一為〈國民運動之意義與其價值〉，都是闡明此旨的。他認官僚、土匪、說客、黨棍、都不配做政治運動。因其動機在私門，而無共同目的。須善良公民，以請願或示威方法，使其主張成為法律或憲法，始得稱為政治運動。其在歐美之例，如獨立、普選、社會主義、婦女參政、禁酒之類。在中國，如黨錮、東林、公車上書、鐵路拒款、五四反日之類。今日中國，自以文化運動為宜，然大規模而有效的，仍要推政治運動。

他又認一部西洋史，使弱者反得以制強者的死命，全靠國民運動。這是改良派的法寶，而亦共和政體的生命。五四運動，是半外交半內政的，故亦為國民運動。但嫌不夠，必須提出內政上的改革主張才成。任公晚年自己所從事的國民運動，為召開裁兵大會，與促成湖南省憲。而與此一運動相配合的，則有下列諸文化機關。

1. 《時事新報》，在護國時代極收宣傳之效。五四之後，提倡新文化運動最力的，為《時事新報》與北京《晨報》，確能轉移了文化的風氣，提拔了不少新人。

2. 《解放與改造》半月刊，於民國八年出版。張東蓀主編，內容分論著、譯述、記載、文藝、餘載五欄。其對國事的主張，為代議制混合職業代表制，省縣可自訂憲法，並提倡使用複決權與創制權，土地與生產須分配公平。在消極方面，則反對國防軍，反對借外債。於中國文化，盡量整理，而於西洋文化，則大量介紹。內容自然比《新民叢報》為進步，因為介紹西洋文化，都從原文直接得來的。

3. 組共學社，由商務印書館發行，出了幾十種書。

4. 任公到處演講，從事實際的文化運動。並請羅素、杜里舒來中國講學。

5. 任公自己到清華研究院教書，培養下一代的文化運動幹部。

任公有了這些做文化運動的本錢，是足夠了。在私人事業中，沒有像他這樣能佈得開文化網的。商務、中華兩大書局，都是其外圍，聽說進步黨尚有一筆餘款，陳叔通拿去投資於商務。金融界亦有相當聯絡，聽說《時事新報》每月虧二萬元，都是黃溯初，張嘉璈拿出來的。任公晚年對社會與文化事業的努力及其成就，殊不減於早年對政黨政治之努力與成就。其時政治之混亂實無可為，倒不如社會文化事業，還能做出幾分成績來。任公雖在政治上大撤退，然已轉移其人力與財力，於社會文化事業上，誰謂任公消極與退休呢？

但是其社會文化運動，與政黨政治運動一樣的失敗。這是改良派在中國環境上，命裏註定的失敗，倘欲使任公不失敗，除非不做改良派。但任公以為非改良主義不能救中國，故無法拋棄其主張。而改良派的唯一出路，在當局有容納其主張的雅量與識見。假使當局無知而蠻橫的深閉固拒，改良派即無法可想，只有參加革命來肅清這些進步的障礙。故曰改良派之最後出路，實在革命。

## 遺教

任公晚年的研究，集中在中國文化上，真是專家的大業。其對孔子、老子、墨子，以及後來諸子的研究，對古代、春秋、戰國的思想，有了初步的結論，省卻後來人不少工夫。其佛教、杜甫、王陽明、戴東原、顏季、朱舜水的專題研究，確有發明，尤其在方法上，給我們以不少啟示。其《歷史研究法》、《清代學術概論》、《中國文化史》、《近三百年學術史》，則為通學家的鉅著。此外尚有美文、詩詞、碑版的研究，不能盡述。此等晚年闡明中國文化的著作，較之其以前介紹西洋學術文字，與許多時論，尤為不朽。然非此小書所能盡述，擬再撰一部《梁任公學案》，以細論之。

任公晚年政治上的主張，為民主的社會主義。其早年在《新大陸遊記》上就說：「要我相信社會主義，除非是國家社會主義。」社會主義，為中國通人的共同主張，章太炎、孫中山，都贊成的。民主社會主義，現在歐洲各國，亦通行起來了，即美國亦棄其名而用其實。大家都要實行社會主義，就是為抵抗共產主義洪流之故。其目的在根據人道立場，以保存民主自由之美德而已。

任公的反共態度，是最徹底的。他〈致劉勉己書〉，謂「提出極平庸的主張，是在保護關稅之下，採勞資調節的精神，獎勵國產。」他認「赤色帝國主義，是破壞勞資調節，與白色帝國主義，不許我們關稅自主，一樣是我們的大敵。」蘇聯是帝國主義的結晶，他「對內只是專制，對外只是侵略，他們非如此不能過癮。」「馬克思便是化身的希臘正教上帝，列寧便是轉輪再生的大彼得。」任公確認首當其衝的，便是咱們中國，所以發出最後的呼籲道：「青年們，傻子聽呀！我老老實實的告訴你，蘇俄現狀，只是共產黨人的大成功，卻是共產主義的大失敗。」

任公之言，至今不幸而全驗，中國大陸已赤化了。中國歷史上的教訓，在海禁未開以前，只有北方來的敵人，才能亡我們。任公是研究中國歷史的人，當然知道這些教訓，而具有最大警覺的。他「公車上書」以來，就做防俄運動，至不惜暫聯英日以制俄。他晚年屢欲約人，聽他談反共的大道理，但聽者藐藐，使他感覺到孤獨苦寂，所以心緒煩悶，易於發怒，頓改其昔日樂觀的心情，乃終侘傺以死。

其所主張社會主義的內容，見〈致張東蓀書〉。他認中國人皆在普遍失業之情形下，不僅要注意分配，尤須獎勵生產。故須成立生產合作社，而不應由國家或工人，去管理生產機構。資本家雖屬可厭，但有了資本家才有勞動階級，然後社會主義，始有所憑藉，故資本家既是敵人，又是朋友。今日中國社會，期只有遊民而無勞動階級，須將遊民變為勞動階級，社會主義運動，始有基礎。矯正資產階級之弊政，須用國家立法，與社會監督為其制衡作用。對於現在之勞動界，須先使辦保險，然後始辦工會，但不可使為主義式的運動，並不能鼓勵其罷工。遊民雖可利用，但利用之結果，必與所期之目的相反。

任公這些話，在民國十年以後的社會環境中，無異以明珠授人，而遭其按劍疾視。任公的言論，一向是有號召力的，不料以忠言逆耳之故，而號召力此後竟消失了。當時青年人的心理，謂任公過時了，思想不夠新，故多報以白眼。事後論斷，則知青年們錯了，任公之論，確為進步的救時良藥。這是與歐美各國於共產黨抬頭以後的新理論相合，至今仍應奉為圭臬呢！

但任公民國十四年後就患腰病。兩個腰子都被割去，竟於十八年死於北平協和醫院，死時年僅五十七歲。他身體素健，自稱可以到八十歲，但以常熬夜與煙酒過量，竟以喪其生。晚年藉詩詞以自排遣，但詩詞究為嘔心瀝血的東西，反以是而促其病之益劇終至不起。

十八年國民政府曾明令褒揚。抗戰在重慶時代，國民黨中央黨部主編的《中央評論》，曾連載贊揚任公的文章，並不厭詳盡的介紹其學說。任公之為反對黨所重如是，而任公之友，則仍本其民主社會主義，繼續其反共大業。然任公之精神，已非少數人之所得而私，蓋如飛花片片之散入各個人靈魂中，變為新生命而為新文化之再造以努力了。我們這一代的人，無論為敵為友，在氣質上，似乎沒有不受到任公影響的。

血歷史213　PC1040

新銳文創
INDEPENDENT & UNIQUE

# 我的師友梁啟超

原　　著　吳其昌、毛以亨
主　　編　蔡登山
責任編輯　楊岱晴
圖文排版　蔡忠翰
封面設計　蔡瑋筠

出版策劃　新銳文創
發 行 人　宋政坤
法律顧問　毛國樑　律師
製作發行　秀威資訊科技股份有限公司
114 台北市內湖區瑞光路76巷65號1樓
電話：+886-2-2796-3638　傳真：+886-2-2796-1377
服務信箱：service@showwe.com.tw
http://www.showwe.com.tw
郵政劃撥　19563868　戶名：秀威資訊科技股份有限公司
展售門市　國家書店【松江門市】
104 台北市中山區松江路209號1樓
電話：+886-2-2518-0207　傳真：+886-2-2518-0778
網路訂購　秀威網路書店：https://www.bodbooks.com.tw
國家網路書店：https://www.govbooks.com.tw

出版日期　2022年3月　BOD一版
定　　價　350元



讀者回函卡

**Printed in Taiwan**

國家圖書館出版品預行編目

我的師友梁啟超 / 吳其昌, 毛以亨原著 ; 蔡登山
主編. -- 一版. -- 臺北市 : 新銳文創, 2022.03
面 ;　公分. -- (血歷史 ; 213)
BOD版
ISBN 978-986-5540-94-4(平裝)

1.梁啟超 2.傳記

782.884　　111000834